El Camino:
Cómo ser espiritual
y no morir en el incienso

El Camino:
Cómo ser espiritual y no morir en el incienso

Susana Alles

A mis hijos,
que ojalá sepan quiénes son y aprendan a vivir en propósito.

A mi marido,
que ojalá encuentre la fuente propia del único amor verdadero.

Índice

Querido lector

Querido lector, espero que disfrute tanto como yo de esta obra, escrita por alguien que no solo es amiga, sino también maestra en muchos aspectos de la vida. La autora logra plasmar sobre el papel una introspección sumamente personal y, en algunos casos, triste —que la lleva a «despertar», a abrir los ojos, a tratar de descubrir Su Camino—, pero con un toque de humor que consigue arrancar sonrisas.

Se habla mucho en estos tiempos de espiritualidad, de meditación, de técnicas zen... pero, en muchos casos, de una forma menos ligera que la empleada por la autora en este libro. Con su humor, Susana consigue enganchar al lector y que tenga ganas de seguir leyendo (y riendo).

Confío en que este libro le ayude si, como muchos otros, no termina de encontrar su Camino.

Con todo mi cariño,

Ana Izquierdo.
Compañera de la música, incienso y Camino

Aclaraciones

Lo que va a leer en este libro es real. Es la historia de mi vida contada en primera persona ilustrando el proceso de despertar espiritual que me tocó vivir sin haberlo buscado deliberadamente. No obstante, es necesario aclarar que, debido a la inmensa cantidad de personas que me ha ayudado en mi recorrido particular, tuve que crear un personaje que, debo matizar, es ficticio. El relato transcurre entre conversaciones con un viejo maestro, al que llamo Ken, quien representa a la cantidad de maestros, instructores, amigos y compañeros que aportaron las experiencias de mi vida que describo aquí, aunque ocurrieron en diferentes lugares y momentos, por lo tanto, no busque a Ken porque no es real, así como tampoco lo es su centro de terapias naturales de Madrid ni su técnica El Camino. Sin embargo, y a pesar de que Ken no existe ni podrá encontrarlo en ningún lado, las anécdotas, escenas y diálogos que recreo a través de mi relación con él son, en su inmensa mayoría, literales y fieles a cómo ocurrieron en mi realidad, salvando dos excepciones que le dejo adivinar, pues tuve que adaptar la escena enfatizándola como consecuencia del hilo conductor del libro. Por último, El Camino es una herramienta que intencionadamente pretende hacer un guiño a una terapia que ha sido clave en mi vida: el reiki, el cual he barnizado recreando para este libro una técnica similar. Si usted conoce, o ha oído hablar alguna vez de reiki se dará perfecta cuenta de las semejanzas de El Camino con esta poderosa técnica energética.

Aclarado el papel de Ken, he de decirle que el resto de personajes son totalmente reales, existieron en mi vida y aportaron lo que usted está a punto de leer. Permítame únicamente desvelarle que los nombres con los que me refiero a ellos, así como ciertos matices relacionados con su identidad, no son los auténticos por preservar completamente su privacidad.

Susana Alles.
Madrid, algún momento de 2018.

Prólogo

Decía el poeta: «Caminante, no hay camino, se hace camino al andar». Lo estudiábamos en el colegio de niños y a pesar de ser parte de la obra de uno de los grandes escritores de la rica y extensa literatura española, pasábamos por esta poesía de puntillas, deprisa, e íbamos a por el siguiente tema. En aquella época solo nos preocupaba estudiar deprisa y crecer más rápido para vivir la vida. Desafortunadamente, solo unos pocos tenían el privilegio de dar con un maestro o maestra que se detuviera a analizar el significado de esta hermosa y trascendental frase.

Vivir la vida. Después de los estudios venía el primer trabajo, el primer novio, independizarse, formar una familia, todo eso que nos han enseñado desde que tenemos uso de razón. Y durante ese proceso, por lo general nos invade el ansia por ir al siguiente paso. «Vivir a tope». Pero ¿realmente somos felices? Más aún, ¿sabemos cuál es nuestro propósito de vida, o simplemente vivimos como autómatas siguiendo toda esa serie de creencias adquiridas que nos encasillan en un patrón de vida determinado? ¿Es eso realmente vivir?

Recuerdo que una vez me paró en mitad de la calle una reportera de televisión y me hizo la siguiente pregunta: «¿Sabías que el 78% de los españoles son infelices en su trabajo?». Normalmente hubiera seguido mi camino murmurando una excusa relacionada con la prisa, pero me quedé parada en seco frente a ella sin saber qué decir. ¿En serio? Pasamos al menos un tercio de nuestra vida en el trabajo y otro tercio durmiendo. En el tercio restante atendemos a los hijos, el que los tenga, vamos a la compra, al médico, a pasear al perro, a pasar la ITV del coche. ¿Y me estás diciendo que casi todo el mundo es infeliz en un tercio de su vida? Pero ¿cómo puede ser eso verdad?

Indagando un poco sobre este tipo de estadísticas, descubrí que la felicidad se considera una medida para valorar el progreso social y el bienestar.

Sin embargo, conozco cada vez más personas con un puesto de trabajo estable y bien pagado y un nivel social bueno, es decir, una buena casa, un buen coche, los hijos en un buen colegio, vacaciones en un hotel de cinco estrellas en el sitio de moda... Lo que se considera el canon de la felicidad. Estas mismas personas llenan las consultas de los psiquiatras y psicólogos con episodios de depresión y ansiedad porque no se sienten felices. ¿Qué es lo que falla entonces?

Si te has hecho esta pregunta al menos una vez en la vida, este es tu libro, porque precisamente la respuesta está aquí, en *El Camino*. Sí, sí, así de sencillo. Vivir no es dejarse llevar por la inercia de las olas encima de una colchoneta de goma con forma de flamenco rosa. Vivir es atarse las chirucas, ponerse la mochila a la espalda y caminar de forma consciente por el camino de la vida. Con sus días de sol, sus días de primavera llenos de flores y pájaros trinando, días de otoño con los colores ocres y las hojas de los árboles cayendo, y días de invierno con sus heladas, sus tormentas y el frío que te llega hasta los huesos. Y las ampollas de los pies que sangran hasta hacernos llorar. Y la explosión de alegría cuando alcanzamos una meta. Pero, lo más importante de todo, es saber a dónde vamos y si la ruta es la adecuada.En mi camino he tenido la gran fortuna de encontrarme con Susana, con la que he compartido y comparto muchos y grandes momentos. Algunos realmente divertidos y otros francamente duros. Creo importante explicar esto porque, a veces, cuando leemos la palabra espiritual, inmediatamente pensamos que se trata de un libro religioso. Nada más lejos de la realidad. De hecho, encontrarás una anécdota en los primeros capítulos que te despejará cualquier duda al respecto.

Querido lector, si este libro ha llegado a tus manos a través de un amigo o amiga, ¡enhorabuena! No solo tienes un tesoro entre tus manos, sino alguien que te quiere.

Si, por el contrario, caminabas por una librería o por la sección de libros de un centro comercial y su preciosa portada o su ingenioso título te han llamado tanto la atención que lo has cogido y lo has comprado, ¡enhorabuena! ¡Ya has dado el primer paso en El Camino!

Espero que lo disfrutes, que te diviertas, incluso que te rías y que descubras pistas para encontrar tu Camino, vivirlo plenamente y, sobre todo, no morir en el incienso.

Con todo mi amor,

Natalia Hermida.
La amiga que Susana atacó sin piedad
un día cualquiera en su despacho.
En El Camino desde entonces.
Madrid, 2018

Anocheciendo

Siempre he sido rarita por dentro. Desde mi más tierna infancia recuerdo cómo venían a mi mente cuestiones transcendentales que necesitaba resolver. Quién soy, quién vive dentro de mi cuerpo, qué es este sitio en el que vivimos... Eran preguntas que yo tenía con mucha frecuencia flotando dentro de mi pobre cabecita loca.

La verdad es que ser rarita por dentro fue algo que llevé en el silencio de mi alma. Muy pocas veces pregunté, en voz alta, acerca de aquellas preguntas interiores a los adultos que me rodeaban. Las formulaba para mis adentros y me tenían largos ratos reflexionando a la manera de una niña de mi edad. Qué bonita la infancia, aunque hoy en día, dentro de mí, solo albergo una breve y discontinua película que, cuando intento revivir, surge por mi interior como una de esas antiguas cintas de Super-8: borrosa, lejana y marrón.

Como era una niña muy nerviosa me costaba un triunfo dormirme. Tardaba horas en hacerlo. En el momento en que me tumbaba en mi cama, con la luz apagada y tapada hasta la barbilla, antes de irme al mundo de los sueños, en el silencio absoluto de la casa, escuchaba por dentro a mi mente tener miles y miles de pensamientos automáticos y ruidosos, entre los que se colaban grandes preguntas de la vida muy a menudo. Fui una niña profunda, qué le vamos a hacer, aunque también habladora y descarada. Un claro ejemplo de dualidad y de características que aún conservo.

En una ocasión, recuerdo que estando en la cocina de mi casa, al lado de mi madre, mientras ella fregaba los platos sucios después de dar de comer a toda la familia, me quedé sin más mirando fijamente mis propias manos como embobada. Fue un momento extraño en que noté con total claridad cómo las podía mover. Sentía que mis manos me obedecían, que se movían a mi voluntad, y fascinada por el hecho de que el cuerpo obedeciera de algún modo mis deseos, se me ocurrió pensar que algo o alguien debía de estar ayudándole a conseguir aquel fantástico logro, así que, presa de esa fascinación, me aventuré a preguntar directamente a mi madre desde mi más tierna inocencia:

—Oye, a nosotros, ¿quién nos mueve?

No recuerdo lo que me contestó. Seguro que me envió a jugar a mi cuarto. Lo que sí recuerdo es que me quedé con esa duda mucho tiempo. Algo debía de estar moviendo aquellas manos mías. Algo que no era yo. Y no alcanzaba a entenderlo.

Cuando hice aquella pregunta en voz alta yo debía de tener poco más de siete años y es curioso que, ahora que tengo casi cuarenta y uno, todavía revivo con claridad ese momento y cómo aquella duda tan importante para una niña pequeña se quedó sin resolver toda la vida.

Mi infancia transcurrió en total normalidad. Hasta la adolescencia no hubo grandes sobresaltos en mi vida. Mi casa familiar era una casa normal de las de la época, un piso cualquiera en el centro de la pequeña ciudad de Avilés, sin ascensor, antiguo y en el que vivían un padre, una madre, cinco hijos, una abuela y dos hermanas suyas que, por ser solterona una y viuda la otra, se vinieron a vivir a nuestra casa formando con ello un núcleo de nueve personas. Así que yo vivía feliz, en una familia muy numerosa y muy asturiana donde pasar desapercibido era lo mejor que te podía ocurrir. Y a veces, muy pocas, lo conseguía.

Tengo que reconocer que durante mi infancia yo fui una creyente como mandaban los cánones, de hecho, era muy raro encontrarte con ateos declarados o niños que no se hubieran bautizado o hecho la primera comunión. Así que, como fruto de aquella educación en la que no cabía duda de lo que teníamos que creer, yo creía en Dios y rezaba todas las noches antes de dormirme. Me lo enseñaron en los cursos de catecismo que los niños de mi edad teníamos que hacer cada sábado, durante al menos dos años, con el fin de prepararnos para la tan sagrada primera comunión. Y bueno, para qué negarlo, a mí me gustaba ir. Allí tenía amigos, aprendía oraciones de memoria y, como colofón del día, iba a una misa un tanto especial donde el coro estaba formado por jóvenes guitarristas que cantaban las clásicas canciones de misa a ritmo pop. Muchas de ellas las sigo recordando de memoria. A veces, incluso, las entono guitarra en mano. Me gusta tocar la guitarra y aprendí a hacerlo, por supuesto, repitiendo hasta la saciedad el «Alabaré, alabaré, alabaré... a mi Señor».

Un día, y como parte obligatoria de la preparación a la comunión, me confesé por primera vez. Tenía un miedo horrible mientras esperaba mi turno en aquella fila de niños repeinados que, de uno en uno, se arrodillaban ante una especie de caseta de madera donde un sacerdote escuchaba atento desde dentro mientras todos ellos le contaban sus horribles pecados que, de no ser confesados, les llevarían sin remedio al infierno de cabeza. O eso imaginaba yo. Y cuando llegó mi turno y me tocó hablar y explicar todas las cosas que había hecho fatal sin que el sacerdote en cuestión se inmutara ante tamaños pecados, inexplicablemente, sentí alivio.

—No he hecho la cama. Me he peleado con mi hermana. He pensado que Tino —el cantante de Parchís que siempre vestía de rojo— es muy guapo…

Pecados del mismo tamaño que mi edad.

El sacerdote me impuso una penitencia que recuerdo a la perfección. Dos Padre Nuestros y tres Ave Marías, así que yo, que siempre he sido muy obediente, me arrodillé en el banco y las recité mentalmente sin rechistar.

No puedo negar que me alegró mucho aquella experiencia. Por supuesto, no entendía nada de lo que estaba haciendo. Pero lo cierto es que me entusiasmó y mucho. Me puse a saltar de felicidad cuando salí de la iglesia. Me sentí ligera de equipaje. Creo que esa fue mi primera y tímida experiencia de elevación espiritual. Me gusta recordarlo así, aunque otras veces creo que al finalizar mi penitencia terrible, arrodillada en aquel banco, se me quitó todo el miedo que había padecido mientras esperaba la cola de confesión y me relajé del todo, liberando adrenalina por mi cuerpo.

Aquella experiencia de la confesión, fuera divina o terrena, me marcó muchísimo, cosa que he contado a muy poca gente. Desde entonces, creo que mi afición de exponerme ante los demás y confesar mis faltas y pecados abiertamente, como suelo hacer, me ha acompañado y servido de curapenas toda la vida. Y he de decir que, al menos, a mí me funciona. Contar mis penas a cualquiera. Mis experiencias de vida. Las duras y las blandas. Y es que, en el fondo, nunca he sido *secretista*. De hecho, hasta hace muy poco sentía que vivía en una confesión perpetua. Y pagando, por ende, una penitencia perpetua.

Los tiempos de la infancia quedaron atrás muy rápido. Las creencias y las penitencias también. Pasaron los años y, casi sin darme cuenta, me encontré siendo una chica vulgar que ya no conservaba nada de todo aquello. No sé muy bien cuándo ni cómo, me fui olvidando de aquella pequeña brecha que se abrió dentro de mí el día de la confesión. Bien mirado, nadie me ayudó a evolucionar nunca en el entrenamiento espiritual porque ni mis padres, ni mis abuelas —mi abuela y sus hermanas— eran personas practicantes. En mi casa se iba poco, por no decir que nada, a misa. Se hablaba poco, por no decir que nada, de Jesús. Había una Biblia, sí, pero para hacernos a los hermanos jurar ante ella que no éramos culpables de algún destrozo que hubiera ocurrido en la casa. Nadie motivaba el crecimiento personal. Así que, como me correspondía, fui soltando esas prácticas y creencias poco a poco hasta convertirme en un reflejo de lo que se hacía o decía en el seno de mi familia.

A la misma velocidad a la que puedo ahora pestañear, me convertí en una adolescente cualquiera. Aquella fue una etapa bastante normal en la que yo no destacaba en nada salvo en mi capacidad de hablar. De comunicarme. Me gustaba conversar con todo el mundo. Sobre todo con adultos. Me encantaba copiar sus palabras de adulto y pronunciarlas entre mis amigos para impresionarles con mi léxico de intelectual. Amaba las palabras. Y si salían de la boca de alguien mayor que yo, aún más.

Todavía recuerdo la sensación que me producía tener visita en casa y quedarme a escuchar lo que los adultos hablaban alrededor de una taza de café y de cajetillas y cajetillas de tabaco. Si mi casa y mi familia han destacado por algo ha sido por la capacidad de fumar de la mayoría de sus miembros. Mis padres, mi abuelo, mis tíos y, con el tiempo, varios de mis hermanos y yo misma sucumbimos a aquella práctica. Era la enseña de la familia.

En esa etapa tan extraña, en la que no eres niño ni adulto todavía, tuve a veces muchos y a veces pocos amigos. Siempre he sido muy sociable, así que no me costaba acercarme a las personas y entablar buenas relaciones con ellas, sin embargo, terminaban todas por ser relaciones pasajeras. Exceptuando a dos amigos que aún conservo, el resto de personas salían y entraban de mi vida con una facilidad pasmosa. Parecía que mi vida no tenía puertas. La gente se colaba en mi espacio y mi tiempo, se quedaban un rato y luego se iban, lo cual siempre me ha hecho sentir como una persona «puente», aunque yo estuviera deseando que se quedaran más tiempo a mi lado y no tener que digerir con tanta frecuencia la sensación de soledad.

Mi relación con las enseñanzas espirituales o de crecimiento como ser humano fue nula en aquella época. Inexistente. No tuve un solo maestro, familiar, amigo o vecino del barrio que tuviera esas inquietudes o que me pudiera ayudar a conocerme un poco mejor por dentro. A comprender el sufrimiento. A comprender mi existencia. A ayudarme a saber quién soy o si algo superior a mí existe y cómo comunicarme con él, ella, ello o como se llamase. La práctica más cercana al conocimiento de mí misma era la lectura del horóscopo en cualquier periódico que encontrase por mi casa donde, además, siendo Géminis como soy, y en un alarde de genialidad creativa por parte del autor del horóscopo —que supongo que era un becario cualquiera pasando el rato en la redacción de un periódico—, siempre me recomendaban que controlara bien la doble personalidad típica de los Géminis. De hecho, creo que cualquier persona que se aventure a describir cómo es un Géminis puede hacer el chiste de esa doble personalidad sin tener muchos conocimientos de astrología ni ser becario de un periódico local.

Esta falta de información sobre el ser humano, sobre quién era yo, de qué estaba hecha y qué pintaba en esta vida, hacía que yo, desde muy jovencita, sintiera un agujero en el centro de mi cuerpo. Un agujero que, a veces, llegaba incluso a doler físicamente. Un agujero por donde entraba el frío y se escapaba mi esencia. La regalaba.

Como consecuencia de aquel agujero, me pasaba la vida deseando taparlo con algo, con ser querida, aceptada y valorada. Pero no lo conseguía nunca del todo. Ese agujero me seguía allí donde yo fuera. Curiosamente, no hace tanto tiempo que comprendí lo que era. Era un vacío. Un vacío que intentaba llenar de gente cuando era joven, y de adicciones, todas ellas legales, cuando fui adulta. Sin embargo, aquel vacío, lejos de disminuir, crecía. Crecía sin control. Intentaba taparlo, pero nunca se iba. Era como mi segunda sombra. Y no necesitaba luz alguna para que se proyectara dondequiera que yo estuviera.

El 28 de mayo de 1995, día soñado en que yo cumplía 18 preciosos años y por fin podía entrar en la etapa ilusoria de la tan deseada mayoría de edad, mis padres anunciaron que se separaban. Aquello fue como una puñalada en la garganta. Como arrojar ácido dentro de mi vacío, destruyendo toda posibilidad de cerrar aquel agujero para siempre. Ni quiero ni voy a revivir esos años aquí. No tengo intención alguna y mis padres no merecen ser expuestos. Sin embargo, la sombra de aquella ruptura fue muy alargada. Ninguno de los miembros de la familia salió ileso de aquel proceso. Fue un divorcio que parecía un parto eterno. Largo y tortuoso. Dañino y doloroso, cuya consecuencia sobre mi alma fue una crisis existencial y un desarraigo muy duro que aún siento en la piel si hago la suficiente memoria.

De repente, me vi sola. Sola ante el peligro de la vida. Y, como consecuencia, desarrollé una ira y una rabia vital que me empujaban a desechar cualquier acercamiento a las ideas florales y sobrecargadas de incienso de todo aquel al que veía medianamente feliz. Así que pasé por todo lo que puede pasar una adolescente a la que lanzan a los leones. Tuve problemas de piel, insomnio, trastornos muy serios de peso, picores, ansiedad, angustia vital, miedo nocturno, amigdalitis crónica, hipocondría, ataques de pánico, una invasión de verrugas, depresión, tristeza perpetua y ganas de morirme durante tantos años que, hoy en día, cuando miro atrás, la única cosa por la que siento algo de rabia es por haber perdido el tiempo de esa manera tan dramática. Además, yo no sabía nada de mí misma. Pensaba que era una indiscutible víctima de una situación que habían provocado otras personas y que no podía hacer nada para solucionarla. Me habían inyectado una condición de tristeza galopante y sentía no tener control sobre ella. Ni sobre nada. Era la viva imagen de la angustia. Joven y perdida, me convertí en lo único que se podía esperar de mí: una adulta adicta a los ansiolíticos.

Me fui de mi casa con veintitrés años. A Irlanda. Al país de la cerveza y la música. A las montañas verdes y los bares llenos de gente. Y tengo que reconocer que fui casi feliz en aquel tiempo. Estaba lejos del ruido y concentrada en aprender a hablar inglés a todas horas, cosa que me ayudaba a alejar mi mente de basuras familiares durante largos ratos. Para ese entonces yo ya era una rabiosa declarada, pero con una capacidad para socializar extraordinaria. Me las daba de tener una vida perra y eso me confería un halo de falsa madurez ante todo el mundo. La rabia además se extendió hacia todas las formas de amor que veía a mi alrededor. Me daba una pereza suprema aguantar a parejitas que se querían. Me asqueaban las películas de amor. Me aburrían las conversaciones insulsas y, por supuesto, cualquier forma de creencia en algo superior a mí. Me daba la risa el solo hecho de tener esa conversación con alguien. Una risa de esas de odiosa superioridad que todo el que la padecía me reprochaba.

Me convertí en una persona que mira al mundo con ira. Y, por supuesto, desarrollé una conducta de superioridad intelectual sobre todo aquel ser humano que me confesara que creía en algo transcendental. Vamos, que los creyentes me molestaban mucho y, sin embargo, ironías del destino, *«Oh my God!»* fue la expresión que más utilicé en mi estancia en el país de la Guinness.

Creencias a mí. La gente es tonta. No me cabe otra explicación. Parecen borregos, no como yo que soy realista, fuerte e independiente. La vida es lo suficientemente mala como para pensar, además, en cosas invisibles. ¿Cómo va a existir un Dios que permite el hambre en el mundo o que yo esté pasando por la destrucción de mi propia familia? Era absurdo. Cosas de niños. Supersticiones de abuela con el pelo morado.

Con los años regresé a España y me instalé en Madrid donde, hasta la fecha, he encontrado mi sitio. Gracias a mi don de la palabra y a que, de hecho, aprendí a hablar inglés, enseguida encontré buenos trabajos que me hacían sentir importante y ganar dinero.

A medida que mis responsabilidades crecían, también lo hacía mi rabia y mi estrés. Los primeros años, tras mi regreso, fueron, en efecto, intensos y me llevaron definitivamente hasta el borde del abismo. Siempre estaba a punto de la rabia. Siempre a su servicio. Siempre presa de la condena de ser yo misma. Siempre sintiendo en el pecho una bomba de uranio a punto de explotar que, cuanto más disimulaba, más sentía que iba a reventarme por dentro. Eso sí, siempre con una sonrisa en la cara que mantuviera mi imagen de mujer top ante los demás.

Recuerdo bien un día cualquiera que, estando sentada en mi despacho, una buena amiga y compañera de trabajo vino a verme como cualquier otro día, durante la hora de la comida. Entablamos una conversación cualquiera, no tiene ninguna importancia, y en un determinado momento esa conversación derivó con naturalidad hacia el tema de las creencias y las religiones. Como si estuviéramos en la barra de cualquier bar de España, borrachas y filosofando porque es gratis.

El caso es que ella me dijo abiertamente que creía —y cree— en Dios y en su iglesia. Practicaba, a su manera, y defendía que «algo hay» y que ese algo nos gobierna y nos asiste con Amor. Y yo que, como le digo, era una agresiva encubierta, me puse del color del vino tinto por la rabia que me dio escuchar aquello de su boca, y con todo el poder de mi don de la comunicación quise aplastar todo argumento suyo en menos de treinta segundos. Cuando digo aplastar me refiero de forma literal a aplastar en su acepción más habitual. Si en aquella conversación mi amiga —que todavía lo es, gracias a Dios— no terminaba seriamente dañada por la sola razón de creer en tonterías, yo no habría conseguido mi objetivo abrasador. Ella era mi amiga. La que yo admiraba. ¿Cómo podía creer en esas bobadas para catequistas de fin de semana? Yo quería que ella entendiera que creer en algo que no está, no se ve, no se siente con los cinco sentidos, no nos habla, no tiene tres dimensiones, o no ha sido demostrado por la ciencia, es algo para personas de una talla intelectual mucho menor que la que ella tiene.

Ni siquiera recuerdo con exactitud las palabras que empleé contra ella, pero si recreara la escena con todo tipo de improperios creo que encajarían todos los del diccionario español. Así era yo. Dura con el mensaje y dura con las palabras.

Creencias a mí... ¡por favor! Yo pensaba que creer en algo superior estaba a la misma altura que creer en seres mágicos, hadas, ángeles, demonios, leyendas, mitos, fantasmas, entidades superiores, almas errantes, niñas de la curva, espiritismo y todos los primos hermanos del hombre del saco y de Freddy Krueger. Paparruchas. Gilipolleces para tarados.

Mi amiga salió llorando de mi despacho. ¡Objetivo cumplido, Susana! Ya eres aún más lista que la media de mujeres de tu edad. ¡Bravo!

Si ya lo decía mi abuela:

—Qué niña más lista, qué lejos va a llegar.

Pues no, querida abuela, no. Lo más lejos que llegué fue al suelo y de cabeza.

De aquel episodio, mi amiga y yo nos recuperamos. Ella ha sido importante en mi vida por cosas mucho más maravillosas que nuestras creencias respectivas. Y, gracias al cielo, pudimos salir airosas de aquel ataque mío de rabiosa superioridad. En estos momentos en que escribo, puedo decir que sigue siendo una de mis grandes e inspiradoras amigas.

Fue también por aquellos tiempos que tuve a mi primer hijo. Mi heredero, mi pequeño varón. Mi bebé. Afortunada de mí, no tuve un embarazo cualquiera porque, entre otras muchas y variadas estupideces e irresponsabilidades que cometí, viajaba cada dos por tres con una tripa que ocupaba más que mi maleta. Gracias, Dios mío, por evitarme los vómitos porque si no, no sé qué hubiera sido de mi vida. Y aunque me libré de esos terroríficos vómitos mañaneros, gané tantos kilos en aquel embarazo que parecía una osa. Sí, una osa parda a punto de conocer a su osezno. Y no me equivocaba con el símil; tras un parto de lo más peligroso, doloroso y estresante para mi hijo y para mí, nació un niño de cuatro kilos y medio que me destrozó el cuerpo literalmente.

Aquel parto merece un libro entero. No quiero volver a recrearlo porque, aunque rozamos el serio peligro de salir los dos sin vida de aquel paritorio del demonio, las anécdotas son muchas y no vienen ahora al caso. Lo que sí me marcó del día de nacimiento de mi hijo fue que, por primera vez, tuve la experiencia de una anestesia general. Me apagaron. Me desenchufaron la conciencia. Pensará usted que menuda estupidez la mía, pero no, lo que para una persona cualquiera es una situación que puede pasar sin pena ni gloria, para mí fue toda una experiencia de la Nada. Sentí un interruptor apagarme y otro encenderme. Como si no hubiera pasado ni un nanosegundo. Veintidós horas de parto y al final me «bajan los plomos» y me sacan a mi hijo de las entrañas. Luego me subieron los plomos de nuevo y asunto resuelto:

—¡Enhorabuena, ha tenido usted un osezno precioso!

Y precioso fue y lo sigue siendo hoy en día.

Por si mi vida fuera poco estresante ya, me topé de improviso con la maternidad y sus mitos, y lo siento, querido lector, no tengo otra palabra para describirla: me pareció una putada. Una soberana putada, como se suele decir. Espero que sepa disculpar mis palabras, pero por más que lo intento no encuentro ningún sinónimo que se acerque al significado y la intención de este malsonante vocablo español.

Mi hijo llegó para poner a prueba todos mis estereotipos. Llegó para destrozarme el cuerpo y la mente. Llegó para atentar directo contra mis ideales, mi forma física, mi mundo, mi tiempo libre, mis ambiciones, mi casa y mis planes de vida. Y así fue como me sentí:

Apabullada.

Invadida.

Descontrolada.

Inexperta.

Débil.

Triste.

¿Dónde está ese ataque de amor que te venden en las películas? ¿Dónde están esas ganas de vivir que te cuentan todos? Yo no las tenía. Las tuve después de un tiempo, cuando me di cuenta de lo que era amar sin medida a un hijo. Pero para eso tuve que pasar por el túnel de la oscuridad de nuevo. Y no tuve elección.

Los tres o cuatro días posteriores al nacimiento de mi hijo no podía caminar. Y no es una forma de hablar. No podía poner un pie delante del otro. Estaba rota por todas las esquinas de mi cuerpo, me dolía el pecho al respirar, estaba agotada y constantemente quería llorar. A todas horas del día necesitaba quejarme por algo. Mi cuerpo no rendía. Me desesperaba despertarme en medio de la noche a darle el pecho. Tenía pesadillas. Pesadillas lúcidas y recurrentes. Multipliqué por mil la ira y mi pobre marido tuvo que sacarse un máster en paciencia conmigo.

Empecé a vivir en una culpa perpetua. Pasé a ser una señora asqueada. Constantemente cansada y en un duelo continuo entre mi vida, mi trabajo y mi libertad. Ya no la tenía. Y deseaba, a gritos interiores —y algunos exteriores—, poder volver a volar, aunque fuera para marcharme unos días a Islandia por trabajo.

Estaba deprimida. Y así me lo hizo saber mi médico, a quien acudí un día cualquiera, presa de la desesperación:

—Padece usted un problema de adaptación. Es otra manera de llamar a la depresión. Tómese estos antidepresivos cada día hasta que se le pase —dijo mi doctora, sin duda con su mejor intención, cuando fui a verla y le confesé que no podía más con la vida, que no recordaba nada bueno en mi historia vital, que me estaba agotando y que me quería morir, aunque cierto es que nunca planeé marcharme de este mundo por mí misma. Yo solo soñaba con que mi partida ocurriera por la noche, sin molestar demasiado.

La depresión dispara ese mecanismo sobre ti mismo. Hace que reinterpretes tu biografía de una manera dramática. Te engaña. Te ratifica de forma constante que eres un ser que ni ha vivido, ni va a vivir ya nada bueno. Oculta los días de gloria tras el velo de los días de mierda. Y perdón de nuevo por mi manera de expresarme, pero no se me ocurren equivalencias con ninguna otra expresión conocida. Usted y yo sabemos, querido lector, que los días oscuros son y siempre serán días de mierda. Aunque si quiere y le hace seguir leyendo de una manera más cómoda, no tengo reparo en denominarlos «la noche oscura del alma», como los llamó San Juan de la Cruz en su célebre poema.

Ya que mi doctora me había puesto en contacto con los ansiolíticos tengo que contarle que mi gran estreno en este inframundo fue consumiendo benzodiacepinas que usted puede encontrar con muchos y conocidos nombres en su farmacia. Son una droga. Una droga como otra cualquiera. Son una supuesta medicina que produce en tu organismo una sensación de aletargamiento tremenda. Un calmante adictivo que te apaga los sensores de las emociones. Todos. Te vuelven zombi. Hacen que hables como si tuvieras la boca llena de polvorones. Cuando consumes durante un tiempo te cierran los párpados y todo el que te ve te pregunta si tienes sueño. Te destruyen la memoria a corto plazo. Te limitan la capacidad de prestar atención. Te duermen por las esquinas. Te alelan y te quitan las ganas de hacer el amor. Eso sí, no sientes nada cuando tomas esas pastillas de mierda. Ni pena, ni alegría, ni frío, ni calor, ni miedo, ni furor, ni amor, ni nada. Permaneces anestesiado hasta que se pasa su efecto y, por supuesto, la vuelta a la realidad es como una caída libre desde una ventana, solo que cuando abres los ojos ya te encuentras en medio de esa caída libre dirección al suelo. A estamparte sin remedio cuando empiezas a notar que la realidad está volviendo a asomar por tu ventana. Tus emociones vuelven a encenderse. Tu nerviosismo vuelve a aparecer. Te duele la cabeza. Compruebas que tus terrores no se han ido. Tiemblas de miedo. Recuperas la voz, pero es para empezar a dar gritos a todo el que está a tu alrededor. Tienes más hambre que si hubieras vivido los últimos meses a dieta de agua y pan, así que comes todo lo que te encuentras en el armario o en el súper de la esquina. Y lloras. Vuelves a llorar como nunca cuando te das cuenta de que la vida que tenías antes de la pastilla sigue ahí.

Y así pasé a estar yo cuando me las recetó mi doctora de cabecera, drogada perdida y anestesiada por prescripción facultativa. Y, claro, no pasó mucho tiempo hasta que me hice una adicta. Una yonqui de las pastillas del demonio.

Por mi trabajo tenía que volar fuera de España bastante a menudo y eso me convertía en lo más parecido a un «camello» que pueda usted imaginar. Claro que no me refiero al animal con joroba que usted puede utilizar para intercambiar bienes en el zoco. No. Me refiero a la acepción de ese apelativo que se utiliza para denominar de forma coloquial a un narcotraficante. Solo que yo no tenía clientes. Era mi propia «camella».

Si el viaje en cuestión tenía como destino un país de la Unión Europea me relajaba, porque sabía que mis pastillas iban a poder traspasar la frontera metidas dentro de mi maleta sin problema, pero si el destino se encontraba en cualquier otro país me entraban todos los males conocidos y me las ingeniaba para poder superar el control policial cargada de mi droga particular de la felicidad. Las metía entre la ropa, las hacía trozos y las desperdigaba por el monedero, las envolvía en papel de plata y las metía dentro de un bote de champú. Una vez he de confesar que las saqué del envoltorio original y las llevaba en los zapatos. Las iba pisando. Y luego me las tomaba con naturalidad y aroma de quesería de Cabrales. Y, claro, la quesería en cuestión era el menor de mis problemas. Solo de imaginarme que me retenían las pastillas en la frontera y que me tenía que enfrentar por mí misma a la vida, así, sin estupefacientes, me provocaba taquicardia.

En fin, era una mujer de mi tiempo. Lo curioso, querido lector, es que yo, a ojos de los demás, era una mujer muy resuelta. Echada para adelante, brava, valiente, descarada, habladora, con el don de la palabra, graciosa como la que más, sociable y un sinfín de calificativos buenos que me han perseguido toda la vida y me han permitido relacionarme con los demás con cierto éxito, aunque siempre de la mano de ese vacío, lo cual ha sido un contraste que tenía su gracia. No lo voy a negar.

Como yo era una mujer moderna y empastillada, en el fondo estaba encantada de parecerme a todas las mujeres que nos muestran en las series americanas. En el trabajo tenía cierta responsabilidad, era una feminista de las buenas, hijos y pastillas para ser feliz. El sueño del siglo XXI. Así que me movía en una dualidad constante. Por un lado, mantener mi imagen de tipa súper ejecutiva y moderna y, por otro, llenar mi vacío. Un vacío que yo tapaba con rabia y con miedos de todos los colores. Qué gracioso me resulta recordar que siempre me felicitaban por mis presentaciones en el trabajo. Por las reuniones donde había que exponer conceptos clave a personas clave en tiempo récord. Es gracioso, sí, porque nadie supo jamás del miedo escénico que yo padecía cada vez que me tenía que enfrentar a esa situación tan demoníaca. Hablar a un colectivo. Me daba terror. Me producía dolor en el estómago, nerviosismo, tartamudez e insomnio, pero yo tenía que mantener aquel valor en alza. Era mi enseña. Y para ello tomaba pastillas. Para que no se notara y seguir siendo la que mejor hablaba de toda la empresa. Qué presión.

Recuerdo con claridad un día que, impulsada por un deseo irrefrenable de cambiar aquella vida, decidí, de sopetón, dejar la empresa para la que trabajaba y marcharme a otra a vender mis talentos un poco más caros. Ser infiel a mi empresa de siempre me resultó de lo más excitante que me había pasado en años. Era mi aventura personal.

Mientras hacía las entrevistas de trabajo para la nueva empresa, me sentí como si tuviera un amante bandido. Le ponía los cuernos a mi actual trabajo. Qué emoción. Aún recuerdo cuando me llamaban y me tenía que salir al pasillo a hablar con «los otros» para no dejar pistas de mi traición a mi compañera de despacho. Sin que me oyeran. Como si a mis jefes o compañeros les importara. ¡Qué tonta, por Dios!

Ahora entiendo que, ante la imposibilidad de cambiar otras cosas, cambiaba de trabajo casi constantemente. Mi pobre mente no toleraba verse haciendo lo mismo durante mucho tiempo. Enseña de los Géminis, entiendo.

Salí de mi oficina de siempre en busca de libertad financiera y de nuevos retos. La libertad financiera casi llegó y los retos llegaron sin duda. Vaya si llegaron. Y lo cambiaron todo para siempre.

Por fin llegó el gran día de empezar una nueva etapa.

¡Trabajo nuevo!

¡Coche de empresa!

¡Mejor sueldo!

¡Guau!

Así me sentía la mañana del 1 de septiembre de aquel año terrorífico. Estaba deseando llegar a mi nueva oficina, arrasar y ser la mejor. Solo que esta etapa no iba a ser como yo la había imaginado.

A las nueve de la mañana crucé la puerta de mi nueva y flamante empresa, y solo puedo decir de aquel día que fue la mayor desilusión laboral que recuerdo. Me quedé paralizada por el shock.

Mi nuevo trabajo apestaba. Era sencillamente horroroso. Todavía tengo dudas acerca de cómo es posible que me dejara llevar yo de aquella manera y aceptara el cambio. Cuando entré por la puerta del que sería mi nuevo despacho se me cayó el alma a los pies. Y me dolió hasta el cuerpo. Me sentí como, si en una cita a ciegas, mientras imaginas a tu esbelto amado llegar con flores, ves aparecer a Igor, el jorobado de Notre Damme. Y con los mocos colgando de su nariz.

Aquel sitio era como una casa abandonada en medio de un páramo. Como un vertedero de basura con las paredes llenas de humedad. El suelo, de un material adhesivo que imitaba a la madera y que estuvo muy de moda en los años ochenta, tenía parches, roturas y esquinas despegadas. Mi mesa era como una burda imitación de la mesa de un novelista inglés que escribe historias amargas bajo la lluvia. Y al lado tenía un apolillado mueble lleno de estanterías a las que nadie había quitado el polvo en años. Las puertas no tenían pomos. Había palomas en todas las ventanas y las pobres, de tanto en tanto, se chocaban contra el cristal sacándote el corazón de sitio con el ruido del impacto.

Aquello era un estercolero en medio del barrio de Moncloa.

La gente que trabajaba allí tenía ojeras, o me lo parecía a mí, y hablaban siempre en clave pesimista. Aún recuerdo a uno de los chicos de mantenimiento de equipos que tenía una cara tan triste que me hacía preguntarme cómo sería su vida. Me daba pena de él y el caso es que era un antipático olímpico. Cuando le pedías un cable, una clave de algún sistema o cualquier tipo de ayuda para tu ordenador, se le ponía una cara de asco que, reconozco, más de una vez estuve tentada a decirle:

—¿Alguna vez antes has sonreído?

Era la viva imagen de la amargura.

En el departamento en que me encontraba tenía, por supuesto, varios compañeros que llevaban allí unos años trabajando. Con pocas excepciones, la verdad es que la mayoría de ellos estaban ya contagiados del virus de la amargura que había en aquella empresa. Jamás, y repito con la boca bien abierta, jamás de los jamases me había topado yo con ningún equipo de gente similar. Ni antes ni después en mi vida. Aquello fue como estar en un parque temático de la negatividad.

Parecía irreal.

Cada día, yo esperaba que alguien me dijese que todo era una broma, que la empresa por la que yo había sido fichada estaba detrás de alguna puerta secreta, y que un despacho flamante y compañeros sonrientes me esperaban para darme la bienvenida. Pero no pasó. Y aquello se convirtió en una pesadilla que, aún hoy, viene a mi mente y me desagrada.

Me tocó compartir aquel destartalado despacho con dos chicas más que llevaban unos años trabajando allí. Se llamaba Carmen, una, y Teresa, la otra. Aquellas dos chicas eran, como se suele decir, «una piña». Se llevaban bien entre ellas y con el resto de compañeros. Me recibieron con media sonrisa y, la verdad, noté su malestar desde el momento primero en que entré por la puerta de aquella cuadra.

Carmen era rubia y alta. Encajaba en el prototipo de seductora y lo sabía. Le encantaba pasear su melena. De eso no tengo duda. Y tampoco de que si hubiera prescindido de ese *superpower* de mujer top, hubiera sacado a relucir su brillo interior.

Que también lo tenía. Pero no, ella prefería despuntar por otros valores. Allá cada cual con sus virtudes, claro que sí.

Teresa era una mujer más llana. Sí, era una mujer normalita, si es que podemos llamarla así. Y no porque sus atributos estéticos no fueran como los de Carmen, que no lo eran, sino porque tenía apariencia de buena persona. Esa es la realidad. Era madre y tenía más o menos mi edad. Ambas eran amigas, o al menos eso aparentaban el rato que estaban en aquel estercolero de oficina. Como he dicho antes, eran una pequeña piña y prueba de ello es que cuchicheaban todo el rato. Parecía que tenían como propósito mantener en secreto todo aquello que ellas atesoraban antes de que apareciese yo. Y lo conseguían, claro. Y con ello, me ponían literalmente «de los nervios». Así que allí estaba yo, en una oficina que cualquiera hubiera declarado en ruinas, compartiendo despacho con dos mujeres que no me querían ver por allí. Y me lo demostraban cada día.

Un día dejaron sin más de hablarme. Donde ya compartían pocas cosas conmigo, sin más optaron por reducirlas a nada. Yo le daba los «buenos días» al aire y los «hasta luego» a la mesa, porque ellas ni me dirigían un triste saludo. Era horrible. Nueva, perdida, desilusionada, metida en una oficina repugnante y con dos compañeras que no me querían ver ni en pintura. Me deprimí. Total y absolutamente. Y era como llover sobre mojado. Me deprimí más de lo que ya estaba.

Depresión versión *premium*.

Pasaron los meses y la situación empeoraba cada día. Voy a ahorrarme los detalles porque son tantos que necesitaría otro libro para resumirlos, aunque sí que voy a relatar el día en que me quedé a solas con Carmen y, no sé ni cómo, se dignó a hablar conmigo.

Sin comerlo ni beberlo, me dirigió su palabra, con tan buena suerte para mí que ella se puso a comentarme abiertamente lo que les producía tanto rechazo hacia mi persona.

¡Zas!

Cerramos la puerta y ella empezó a acusarme de haber filtrado no sé qué información-mega-importante-y-mega-secreta a nuestros jefes. Sí. Como si yo fuera una política corrupta vendida por un maletín lleno de euros. De seguro que habían hecho alguna trampa o alguna práctica non grata para la empresa. Quién sabe. El caso es que daban por hecho que yo me había enterado.

Carmen me confesó que Teresa y ella habían decidido apartarme de su selecto grupo un día que uno de nuestros jefes les recriminó eso tan grave que habían hecho. Nunca entendí bien qué era. El caso es que ellas opinaban que ese algo tan grave solo podían saberlo, esos jefes, por un chivatazo mío. El resto de compañeros estaban excluidos de la acusación porque, claro, eran parte de su piña y ¿cómo iban a ser ellos quienes hubieran traicionado a la piña?

Tenía que ser yo por eliminación. Y yo, sincera, honesta, lisa y llanamente no había hecho nada de eso.

Perdí los nervios.

Encerrada en aquel despacho apestoso comencé a defenderme entre tartamudeos y nervios. Vamos, que le pegué cuatro voces para decirle que ni en broma admitía aquella acusación.

Qué le voy a hacer... Me pudo la ira y el mecanismo de autodefensa.

Sinceramente, no sé si me salieron espumarajos por la boca, no sé si lloré o grité. Puede que ambas. Solo recuerdo una nube negra en mi cabeza y unas ganas de mandar a todo el mundo a ese sitio a donde con tanta frecuencia mandamos a la gente, y que debe de estar ya a rebosar.

Cuando la amigable charla no dio más de sí, me fui corriendo de allí. Me bajé al garaje donde tenía el coche aparcado y me metí dentro. Me puse a llorar como una niña pequeña con un desconsuelo que creí que no podía parar. Y no pude. Estuve casi una hora allí metida. Sola y arrepentida de haber dejado mi querida empresa anterior atrás.

La situación para mí no podía ser peor.

Cuando llegaba a casa, mi marido no quería saber gran cosa de aquel conflicto. Día a día le desesperaba que yo le contara las últimas anécdotas de aquellas dos impertinentes. Él se enfadaba conmigo, no me consolaba, solo odiaba aquel tema de conversación.

Poco a poco, me fui aislando.

Me sentía sola del todo. ¿Por qué no te puedo contar que esto me está pasando? No lo entendía. Pero no, él no quería saber nada de aquello. Rechazaba mis emociones. Y se enfadaba tremendamente conmigo si yo hacía comentarios del tipo «me quiero ir de allí» o «me voy a buscar otro trabajo».

Hoy en día entiendo que aquellos episodios de malestar tan grandes le tenían tan asustado que él prefería no saberlos. Los cambios, de cualquier tipo, a él le dan pavor. Pavor intenso. Y, claro, dejar una empresa estable por esta porquería laboral y querer, después, abandonar a esta segunda le parecía que era inconcebible y no me apoyaba. Nuestras peleas, por lo tanto, eran terribles.

¿Por qué no me apoyas? Estoy perdiéndolo todo de repente. Otra vez me quería dejar tragar por la Madre Tierra.

Después de aquel episodio tan estresante del garaje, cada vez que sonaba la alarma de la mañana para levantarme e ir a trabajar a ese cementerio viviente sentía una taquicardia.

Mi pecho era como un tambor. Pienso que en un ambiente de silencio se podían escuchar mis latidos. De continuo me dolía un hombro. El derecho. Tumbarme en la cama era un suplicio y levantarme por la mañana era como si me tuvieran que despegar todos los huesos y volver a pegármelos para poder andar.

Sentía punzadas de dolor en la espalda. Los dolores de cabeza eran constantes. Tomaba dos o tres pastillas de analgésicos cada día y con toda tranquilidad, si no funcionaban los analgésicos, ingería cualquier otra cosa que encontrara por el armario de medicamentos.

Llegar a la oficina significaba sentir un dolor en la boca del estómago que me producía ganas de vomitar. Y entrar al despacho era como si me dijeran «Susana Alles, por favor, vaya pasando al corredor de la muerte». Era una lástima de mujer por dentro. Perdí mi gracia y mis ganas de hacer cosas. Además, no veía a mi hijo en todo el día y meterme en un atasco de la M-30 cada mañana con el único fin de llegar a mi despacho del terror era sencillamente un asco.

Un día, al levantarme por la mañana, sentí un dolor en un dedo de mi pie derecho. Donde ya me dolía el pecho, el estómago y el hombro, ahora también un pie. Cada día era una cosa nueva. Y además había sitio en mi cuerpo para todas.

Me dolía el pie como si tuviera una pequeña piedra dentro del calcetín. Me daba la sensación de que pisaba algo dentro del zapato. Más de una vez me quité los zapatos para comprobar que, en efecto, no tenía nada dentro.

Poco a poco, cada día, aquella sensación aumentaba. Lo que al principio parecía una molestia terminó por convertirse en una sensación horrorosa de dolor en la planta del pie.

Sin comerlo ni beberlo, de repente, no podía andar. Allí a donde iba y en cualquier cosa que hacía sentía como un clavo ardiendo incrustado entre los dedos de mi pie. Me quedé anulada. Y esto era justo lo que me faltaba.

Todos mis zapatos parecía que tenían una sierra en la suela y yo, mientras sentía que algo me cortaba la planta del pie continuamente, decidí seguir trabajando.

Coja, pero trabajando.

Cualquier persona normal hubiera dado todos sus ahorros por encontrar un médico que le diera una baja de seis meses, pero, por alguna razón misteriosa, yo prescindí de ese permiso de forma voluntaria y seguía yendo cada día al estercolero de la muerte, aunque estuviera coja y amargada.

Yo era la típica persona amargada que tenía que caerle mal a la gente por decreto. Cuando miro atrás pienso que no había nada agradable dentro de mí. No obstante, a nivel personal las cosas no me iban tan mal. Abusaba de mi gracia personal. Y creo que eso, en cierto modo, me salvó la vida. Tener algo de vida social.

Gracias a que mi mente va por libre y necesita entretenimiento constante, leer, escuchar o hablar son grandes placeres para mí. Tengo que reconocer que tomarme un café —o un gin tonic— con una amiga, es el mejor curatodo que conozco.

Con mi pie hecho un asco me iba, literalmente, a todas partes.

El tiempo pasó y, casi sin darme cuenta, me pasé dos años coja. Se dicen pronto. No piense, querido lector, que prescindí de ir al médico ante la desesperación de mi pie. Claro que fui y claro que recomiendo ir siempre y en todo caso. Solo que en mí nada parecía funcionar.

En esos dos años visité a varios traumatólogos, los cuales me hicieron pasar por el protocolo habitual establecido para esa lesión. No se lo he dicho, pero la lesión tenía un nombre y un apellido: Neuroma de Morton. Sí, un nombre que parecía de clase alta. Un diagnóstico aristocrático. Neuroma de Morton... ¡Oh, por Dios!, si parece una enfermedad para ricos. Se trataba de un pequeño tumor incrustado en el tejido nervioso de mi pie derecho. Haciendo honor a la verdad, aunque era un tumor y su nombre acaba en «oma» no ponía mi vida en peligro.

Gracias a Dios, no era malo, sino muy tocapelotas.

Hice todo lo que me pidieron. Varias resonancias, plantillas para los zapatos, infiltraciones en los dedos —aún me tiemblan las piernas de recordar cómo me pinchaban, entre los dedos de los pies, aquella anestesia—, masajes y, cómo no, analgésicos de todo tipo incluyendo opiáceos que me dejaban grogui. Y el dolor no se iba. El dolor solo aumentaba, y casi puedo recordar cómo me hice «su amiga» y le daba toda mi atención de manera constante.

Simplemente, me había acostumbrado al dolor. Y a mi cojera. Tan es así que apareció un dolor nuevo en la cadera, fruto de mi mala postura al andar, y me pareció lo más normal del mundo.

Tengo que confesar que además de mi pie hecho un asco y mis pastillas para convertirme en una zombi insensible, fumaba un paquete de tabaco al día. Y me alimentaba perfectamente mal comiéndome lo primero que me encontraba en la nevera o en el armario. Como consecuencia de todo eso pesaba veinte kilos más de lo que debería. Así que mi fatiga era constante.

Hoy en día pienso que por suerte tenía treinta y pocos años y ese ímpetu de la juventud. Si me pasa con cincuenta o sesenta sospecho que hubiera entrado en caída libre.

¿Quién sabe?

Amaneciendo

Hecha una porquería, un día cualquiera, estando en la oficina, una de mis queridas compañeras se dignó a dirigirme sus palabras. Fue Teresa, la que era madre como yo y tenía una cara de asco perpetuo.

A veces yo pensaba si ella tenía esa cara porque algo olía mal a su lado. Era una cara de esas de nariz fruncida como quien detecta una flatulencia sin dueño.

No sé ni cómo empezó a intercambiar palabras conmigo. Yo, que para ella era un ser de lo menos apetecible. Pero el caso es que lo hizo. Me contó que ella tenía un conflicto con el trabajo ese año. Trabajo que teníamos en común. Y en voz alta compartió conmigo que, hoy por hoy, no se encontraba con tanto ánimo y que no iba a llegar a los objetivos de ventas.

Hasta ahí podía entenderla.

No se lo he dicho, nos dedicábamos a las ventas de servicios horrendos de aquella empresa. Y, claro, la mayoría de las veces un trabajo como aquel dependía de forma directa de nuestro estado de ánimo. Es sencillo de entender: nadie le compra a una persona que no emana cierto entusiasmo.

Teresa me dijo más. Y aquí viene lo curioso: Me contó que ella, un año antes, se había propuesto llegar a todos los objetivos de ventas y ser la mejor sin más. Me dijo que no se había dado permiso para fracasar. Y que, de tanto pensarlo, se había cumplido.

Me contó, tan tranquila, que ella había atraído ese logro de forma deliberada. Con una especie de fortaleza mental. Vamos, que era como magia, que lo que deseas, si es con fuerza, se cumple. En fin... Yo, más o menos, la escuché sin hacerle demasiado caso. Me parecía que estaba contando tonterías porque, por mucho que mentalmente te imagines llegando a todos los objetivos, luego está la realidad del día a día, y me pareció una soberana bobada que ella se preparase mentalmente para ganar. Mucho menos para atraer cosas a su vida.

Me daba la risa. Pero, bueno, me estaba hablando. Algo era algo. Seguí en su conversación por un rato.

Ella, de pronto, me dijo:

—Te recomiendo leer un libro que se llama *El Secreto*.

Y yo, para mis adentros, pensé: «Pues mira, como el libro cuente más o menos lo que me estás contando tú, no te preocupes que lo compraré, pero para ponerlo de tope en una mesa que tengo coja en casa. Será inocente la Tere... ¿Cómo es eso de que si piensas que vendes mucho, vas y vendes mucho? Esta chica lo mismo cree en el Altísimo y todo. Pues hale, donde ya me caía mal, ahora ya peor. No hay vuelta atrás con esta mujer».

Dejé la conversación pasar.

Asentí a casi todo por no meterme en líos y no hice mucho más. Prefería darle la razón que volver a meterme en discusiones y tener un mal día. Y ella, con total normalidad, al día siguiente, volvió a su comportamiento habitual. No me hablaba.

Parecía que ella hubiera tenido una posesión momentánea. Parecía que el día anterior hubiera salido del maligno que la tenía atrapada en el lado oscuro para darme esa información y volver luego a ser la de siempre.

«*Pos* vale». Cosas de la vida...

Con mi cojera, mis pastillas y mis dolores, al día siguiente de aquel encuentro verbal en que Teresa se dignó a hablarme, me fui a comer a una cadena conocida de medio-restaurante-medio-burger de Madrid. En estos establecimientos, además de la zona para comer, hay también un pequeño supermercado y un área integrada en el establecimiento donde puedes comprar todo tipo de libros. Como me encanta leer, antes de entrar a comer, me pasé por esa parte de la tienda con el fin de comprarme alguno que poder ojear durante la comida. Y entre libros de arte, arquitectura moderna, viajes y celebridades, el famoso librito mencionado por Teresa estaba allí, quietecito, chiquitito y marrón.

Me acerqué para ojearlo.

Me pudo la curiosidad. Lo confieso.

El día anterior me lo habían recomendado y, por un momento, pensé si debería leerlo, aunque la recomendación viniera de una persona que me detestaba.

Finalmente, lo compré.

¿Sabe, querido lector, lo que me motivó a comprarlo? Ahora mismo puede que usted esté pensando que me lo compré porque mi corazón se ablandó ante el hecho de que Teresa me hablara y que, movida por el deseo de sentirme integrada, quisiera yo comprar el libro para que, al menos, una de mis compañeras se dignara a tener algo de qué charlar conmigo. O también puede que usted piense que me lo compré porque no encontré ningún otro libro que me llamara más la atención en ese momento. Pero no. Lo cierto es que me lo compré porque, en lo profundo de mi corazón intolerante, yo me creí lo que me había contado Teresa.

Sí. Me lo creí. No me pregunte usted por qué.

No es raro imaginar cómo me iba en el trabajo. Ante tanta amargura y mi día a día tan centrado en la ansiedad, yo, que tenía que vender productos de aquella multinacional y me las había dado siempre de súper estrella de las ventas, no vendía ni un triste colín. Cuando Teresa me contó que ella había conseguido llegar a los objetivos solo con planteárselo, yo, interiormente, encendí una bombilla. Me hubiera servido cualquier consejo con tal de volver a enderezar mi vida. Me vi vulnerable a creencias, sí, porque con todo lo que tenía encima lo peor es que no conseguía hacer un buen trabajo y, claro, por ahí, por esa puerta, le di una oportunidad al librito de marras.

Me senté a malcomer y a leer.

Me topé con un libro bastante sencillo. Estaba hecho de frases cortas y de pequeños relatos de varios autores. Cada uno escribía acerca de una ley, supuestamente infalible y universal, a la que denominaban Ley de Atracción.

Detalles aparte —es uno de los libros más vendidos de los últimos años, si quiere leerlo no tiene más que buscarlo en cualquier tienda de libros—, no puedo decir que sea una grandísima obra de la literatura, pero tampoco puedo negar que me gustó.

De hecho, me produjo muchísimo shock interior.

—¡Vamos a ver! ¿Qué es eso de que atraigo todo a mi vida? ¿El dolor de este pie también? —pensaba yo en alto mientras leía aquel librito.

Y sin comerlo ni beberlo, el libro pequeño y marrón me pegó un tortazo en el alma.

No sé cómo.

A veces pienso que me pilló con la guardia baja. Y que se coló por una grieta de mi armadura medieval invisible.

Aún me cuesta creer que me dejara llevar por él. Me hizo plantearme si todo lo que me estaba pasando era en realidad algo que yo hubiera atraído o creado deliberadamente. ¡A mí! ¡A la persona más dura de la faz de la tierra en lo que a creencias se refiere! Pero ¿cómo era posible que personas de la talla de Buda, Platón, Einstein... pudieran afirmar tales cosas? ¡Sí! Esas eran las personas cuyas frases o testimonios el libro recogía. Personas ilustres que parecía que llevaban toda la vida gritándole al mundo cómo funcionamos los seres humanos. Personas que decían «todo es energía y la energía es atractiva». Ya, pero ¿Einstein? ¿Este señor no era el megacientífico loco rey del mundo demostrable?

No entiendo nada...

Mientras pasaba las páginas parecía que lo que el libro contenía se había escrito allí para mí. Sí. Parecía que esa estupidez de la Ley de Atracción estaba plasmada para que yo la leyera. Me enganchó. Me quedé, no sé cómo, anonadada ante tanta enseñanza tan básica y tan bien maquetada. Era un librito de puro marketing, sí. Pero algo tenía dentro que a mí me estaba dejando borracha.

Me leí el libro en dos días. No es que sea del tamaño del Quijote, pero bueno, en mi ajetreada vida encontré tiempo para leerlo entero en un pis-pas. De repente, me parecía lo más divertido del mundo. ¡El libro decía que solo tenía que pedir! Y que el universo se encargaría de dar.

¡Qué fascinante!

¡Qué emocionante!

¡Me apunto!

Así que pasó lo que tenía que pasar: mi lado más materialista apareció. Y me puse a pedir como una loca.

Estaba obsesionada con pedir. Y no se crea, querido lector, que pedía que me quitaran el dolor del pie. Qué va. Yo pedía un BMW blanco, un millón de euros o un *smartphone* última generación. Todo de lo más caro e innecesario en mi vida.

Me pasaba el día pidiendo. Venga a pedir y pedir... y, claro, como se puede imaginar, el universo, en su inmensa generosidad, no me enviaba nada de todo aquello. Hasta la fecha sigo sin tener un BMW blanco. Cosa que no sé si le perdonaré a «Uni» —como le llamo actualmente— algún día.

Pero qué divertido era pedir. Y qué emocionante era creer en todas esas historias. ¡Qué agradecida me sentía por dentro! De verdad. Esta historia de la atracción había inyectado emoción en mi vida. ¡Pero qué infantil a la vez, por favor! Me sentía como una niña. No sé ni cómo había pasado. Pero, sí, me sentía como una niña con zapatos nuevos.

Un día cualquiera, después de una ajetreada jornada en la que, sinceramente, ni recuerdo lo que hice durante el día, me dispuse a acostarme en la cama, rendida por el cansancio. Mi nuevo entretenimiento de tomarme al universo como un supermercado cósmico me acompañaba a todas partes y, aunque no veía sus frutos, pensaba todo el rato en pedir, pedir y pedir y dejar que este universo —fuera lo que fuera— se encargara de dar. Así que esa noche me metí en la cama pensando si me estaba volviendo un poco loca con todo aquello.

El famoso librito enano me había dado algunas claves. Y entre ellas algunas frases de Buda, quien denominaba a ese universo como la «Mente Universal». No sé por qué, ese concepto de mente universal se me quedó grabado a fuego y cuando me metí en la cama estaba dando vueltas a todo aquello sin parar. No podía dormir. Eran demasiadas emociones a gestionar. Habían sido muchos meses de estrés y dolores y ahora, de repente, tenía un nuevo juguete mental que me estaba volviendo tarumba.

Era *too much* para mi pobre corazón. Aquella noche sin más creo que todo me sobrepasó.

Mi marido dormía y roncaba a pleno pulmón a mi lado. Yo estaba despierta, intentando encontrar una postura cómoda, pero no podía pegar ojo. Era de noche. Nuestro hijo dormía con placidez en su habitación. Y yo, sin embargo, estaba despejada, como un búho, en la mía.

En mi cerebro, todo lo que estaba aprendiendo últimamente se repetía como ajo frito. Y todos mis malestares se manifestaban a la vez. Me dolía el cuerpo y me agotaba mi mente.

Y entonces algo extraño me empezó a ocurrir... Me comenzó a doler el pecho. Era una especie de dolor raro, como placentero. No era ansiedad. Conozco esa sensación y no se le parecía.

De repente, sentía que no cabía en el cuerpo. Que quería salir de él. Y hacerme grande. Una idea se plantó en mi mente y se repetía sola: La mente universal, la mente universal, la mente universal... Eres parte de la mente universal, escucha a los sabios, eres un trozo de mente universal... ¡Mi cerebro me hablaba a mí!

¡Socorro! Pero ¿qué es esto? ¿Quién me habla? ¡Ayuda, por favor!

Me temblaron las manos y lloré, todo a la vez. Miré a mi marido y creo que le vi por primera vez.

La mente universal. Pero eso, ¿qué narices es? Y así, en medio de ese shock lúcido, sin comerlo ni beberlo, empecé a sentir. A sentir de verdad. A sentir un amor inmenso. Hacia todo y hacia todos.

No puedo explicarlo de otra manera más que de esta: en lo que dura un pestañeo, empecé yo solita a Creer. Con la misma intensidad que cuando liberas agua estancada y se escapa a presión por su arroyo.

Yo sola. En medio de la noche. El 10 de octubre de 2010.

No vi luz alguna ni escuché voz de nadie. Tampoco sentí que dormía. Estaba perfectamente despierta. Y allí, en medio de la oscuridad de la noche y con mi marido roncando a mi lado, aquello que es y siempre ha sido, aquello que nos rige, se manifestó en mi interior.

Me dijo: «Hola, Susana. Estábamos esperándote».

Un momento, no salga corriendo todavía, tengo que aclarar que no me lo dijo de forma verbal. Si llego a escuchar una voz misteriosa me lo hago todo encima y yo misma procuraría un ingreso voluntario en un manicomio. Fui yo que sentí una chispa de conexión con algo más. Una comunicación no verbal pero clara. Un mensaje directo. Una apertura de mi alma. Una grieta por la que empezó a entrar algo de luz.

¿Conecté con «Uni»? Yo creía, en verdad, que sí.

Me agobié hasta límites que no conocía. Pensé que ese momento que estaba viviendo me iba a llevar de cabeza a una clínica para enfermos mentales.

—¿Qué es esto, por favor? ¿Qué me está pasando? ¿Quién anda ahí?

Estaba absolutamente desbordada. Y sola en medio de la oscuridad. Jamás olvidaré aquel momento. Jamás me perdonaría ignorar lo importante que ha sido en mi vida. Tiraba a la vieja Susana a la papelera. Y no lo hacía yo de forma consciente. Sentía que me lo habían hecho. Que algo me empujaba a cambiar mi patética carcasa por algo diferente.

Ojos nuevos querían abrirse.

De pronto, todo encajaba. No quiero decir que lo sabía todo desde el plano intelectual. Claro que no. No me refiero a que toda la información del mundo estaba dentro de mí. No pienso competir con Google. Pero sí que podía asegurar que entendía cómo funciona el mundo desde un nivel espiritual.

Estaba recordando. ¡Sí! Eso es. ¡Estaba recordando! ¡Esa era la sensación que tenía! Estaba recordando quién era... Por eso se le llama despertar. Porque es como cuando vuelves de un sueño. En el sueño puedes ser una dama medieval que vive en un castillo, pero cuando despiertas, un proceso automático hace que recuerdes quién eres. Pues eso me ocurrió.

Despierta y dispuesta, recordé una pequeñita parte de quien soy. De que mi mente no es «Yo». Que soy algo muchísimo mayor con un poder infinito. Sí, eso es lo que me pasó.

Mientras la ciudad dormía, claro está. Y mi marido esperaba que amaneciera un día más de plena normalidad.

En realidad, para que la gente a la que se lo he contado me entienda, me gusta explicarlo con una escena de la película *Matrix*. En esa película, Neo, el protagonista, es reclutado por Morfeo, una persona que le desvela unos conocimientos y que, entre otras cosas, le entrena en un montón de artes marciales. Para realizar ese entrenamiento le instalan programas a través de un cable que va a su cerebro. Es decir, para que Neo sepa kungfu, le meten un programa de esa técnica y en unos segundos esta queda incorporada a su cuerpo y a su mente para que lo utilice cuando sea necesario.

Eso mismo me pasó a mí. Me sentía Neo cuando le instalan las técnicas. Sentía que algo se había metido en mi interior. Mejor dicho, sentía que una parte de mí había aflorado. Que lo que sea que hay ahí afuera y que las personas, durante toda la historia, han llamado Dios, Akasha, Mente Universal, Tao, Gaia, Vishnu, Pachamama y un sinfín de otros nombres, no solo era real, sino que era inseparable de nosotros y accesible. No era exterior. No estamos separados. Somos uno. Y nuestra mente, la superficial, así como la subconsciente, son un hilo o una chispa de esa Gran Mente.

Casi *ná*.

...

¡Ay, madre! ¿Qué hago ahora? ¿Se puede saber?

No olvidaré nunca ese día. Ni ese momento. A veces, cuando se lo cuento a alguien, revivo con claridad esas sensaciones y les cuento que salí del armario. Que mi ser, sea lo que sea, se cansó de que le maltratara con paparruchas mentales. Se cansó de mi ausencia de confianza en la vida.

No se preocupe. No voy a dedicar el resto del libro a convencerle de ninguna de mis creencias. No lo pretendo. Si algo he aprendido con esto es que cada uno tenemos un ritmo. Y que lo que haya de ser será para cada cual en su propio proceso, pero permítame seguir relatando la historia de mi vida tal y como ocurrió, paso a paso. Espero que al final se entienda perfectamente la foto completa.

A la mañana siguiente, me desperté como drogada. Zombi. Acababa de tener una experiencia que a veces denomino de «orgasmo espiritual». Y cuando abrí los ojos al despertar, lo primero que quise fue revivir en mi mente lo que me había ocurrido.

Tardé cinco segundos en confirmar que había sido real. No había duda. Lo sabía porque mi pecho parecía que sentía enamoramiento. Una sensación de frenesí enorme. Un gozo, como dicen en algunas escuelas espirituales. Una tremenda pasión.

Los días, semanas y meses siguientes fueron de absoluta obsesión. Cojera y obsesión. Menuda pinta tenía yo. Reconozco que ahora me da la risa de imaginarme con mi pie cojo y cargada de libros a todas horas.

Busqué en todas partes obras y escritos que me hablaran de la Ley, del despertar espiritual, del universo, de Dios y de su relación con los hombres. Quería saberlo todo. De qué estamos hechos, quién soy yo y qué hago aquí. Por qué la humanidad cree desde que es humanidad. Y en qué cree. No podía pensar en otra cosa. Así que empecé a comprar libros siguiendo una estrategia: en cada libro que leía, si el autor mencionaba a otros autores, sabios o maestros espirituales leería los libros y obras de todos estos, para ir profundizando y conociendo las fuentes de cada uno.

Y acerté de pleno.

Era como viajar hacia atrás en el tiempo. Era como destapar una sabiduría que lleva toda la vida escrita delante de nosotros.

Me sentía desbordada. Era tanto lo que tenía por aprender. Cada libro que caía en mis manos me hacía apuntar, al menos, otras cuatro obras que leer.

Me prometí no desechar ninguna fuente de información en caso de que su autor perteneciera a escuelas o tendencias que yo hubiera rechazado en el pasado fruto de mi total ignorancia. Si el autor mencionado era un cura católico lo leía, y si era musulmán, budista, filósofo griego, jainista, taoísta, reikiano, profesor de universidad, científico o empresario, también. Prometí quitarme el velo. Escucharles a todos. Y con eso también acerté.

Seguí insistiendo. Días, semanas, meses... buscaba y buscaba entre todo lo que caía en mis manos. Empecé a no dormir. Documentarme y responder a mis preguntas era mi mayor objetivo vital.

Todos los libros que caían en mis manos eran devorados por mí en dos o tres días. Eran mi alimento. Por antiguas que fueran las narraciones, su contenido para mí era cristalino. Empecé a entender también los conflictos de las religiones. Y de las personas que las siguen sin conocer su sentido profundo. De hecho, en algún momento sentí solidaridad con ellas y pensé que estaban siendo muy maltratadas. Yo, de repente, en su profundidad, las entendía todas. Su sentido esencial. Sin excepción. Y me encantaban. Descubrir libros sagrados y perderme entre escritos de miles de años me fascinaba. Y me sigue fascinando.

Curiosamente, lo que más me gustaba de todos los autores y libros que cayeron en mis manos era que, en todos ellos, parecía haber un hilo conductor. Sí. Y no hacía falta profundizar mucho. Era bastante evidente, al menos para mí, que leyera lo que leyera algo de cierto había en aquello de la atracción. Todos los escritos antiguos, así como los modernos, terminan o empiezan por decirnos que eres un trozo de «eso que te ha creado» y que puedes actuar como «eso que te ha creado». Ese parecía ser el hilo. Eso, la Trinidad presente en todas las enseñanzas de todas partes del mundo y las cualidades infinitas del ser humano. Y que una de las herramientas más potentes para desarrollar ese poder atractivo es la meditación. Así que definitivamente iba a probarla.

Por otro lado, me obsesionaba aquella experiencia de la noche de octubre. Sentía que aquella noche iba a volverme loca de tanto intentar revivirla. Así que mi nueva vida estaba siendo absorbida por una experiencia espiritual espontánea que me estaba empujando a devorar todos los libros del universo y a poner nombre, a diagnosticar, lo que me había pasado. Era como tener un amante. Me parecía excitante, pero a la vez no comprendía qué me había empujado a que todo eso ocurriera. ¿Sería el desamor hacia mí misma?

No lo sé. Y no me importaba.

Un día, empujada por ese impulso de aprender a meditar y de encontrar una puerta para acceder a mi interior, busqué en Google la sabia combinación de palabras «meditar en Madrid».

Me llamó la atención un centro budista a las afueras. Tenía una página web bastante moderna, y aunque había muchísima oferta de centros y escuelas donde te enseñaban a meditar, me apetecía aprender con unos de los grandes meditadores de la historia: los budistas. Ofrecían un curso de un día entero y me apunté. Así que, cuando llegó el día, dejé a mi marido con el niño haciendo planes de padre soltero y me fui a pasar el día a un centro budista por primera vez.

¡Qué emoción!

Quería aprender a meditar, eso estaba claro, pero a la vez sentía un miedo horroroso. El mismo miedo que sentí cuando estaba en la cola de mi primera confesión. Un miedo irracional a conectar con algo que me pusiera una penitencia.

En mi cabecita loca había mucha letra, muy poca práctica y un millón de pájaros. Yo pensaba que, meditando, entrabas en una especie de estado de borrachera mental en la que te ausentabas de tu cuerpo para ir a mundos paralelos donde había espíritus y entidades de todo tipo... y me daba miedo no saber volver a mi estado anterior. ¡Qué tonta, por Dios! Me da la risa recordar tanta inocencia.

Llegué por la mañana. Llovía un poco. Lo suficiente para que el césped mojara mis zapatos pero bien. El centro en cuestión era un chalet enorme con un jardín enorme que había sido donado por sus dueños a este grupo de budistas. Este grupo en cuestión practicaba una especie de budismo moderno y explicado con palabras apropiadas para occidentales. Y en este chalet habían ubicado su «templo» en Madrid. En realidad, era un centro muy «cuqui». Blanco por dentro y decorado con muy pocos muebles, todos ellos de esa tienda sueca tan conocida. Toda la estancia había sido remodelada y por dentro no parecía una vivienda convencional. Tenían una pequeña tienda de libros, una recepción, varios pisos con habitaciones y un comedor grande con acceso a una cocina que podría ser la de cualquier restaurante pequeño.

En el exterior, al final del jardín, habían construido una suerte de cafetería donde sentirte en paz. Habían transformado un antiguo garaje en un precioso y tranquilo lugar donde tomarte un café y leer, charlar —en un volumen muy bajo— o simplemente pensar.

Todo el conjunto me gustó en cuanto entré por la puerta de la verja principal que separaba este lugar del resto del mundo.

Nada más entrar, caminando por el jardín, pude ver a una persona vestida como se visten los monjes budistas. Llevaba una túnica de color rojo y naranja, pelo rapado y supongo que chanclas o sandalias. Lo que me pareció muy curioso es que, al entrar yo por la verja principal, esta persona vestida de monje me saludó.

—¡Hola! —me dijo con una sonrisa.

—Hola —dije yo. Claro que sí. Educación ante todo.

Y no me preguntó nada. Ni quién eres, ni qué buscas, ni si vienes al curso, ni si necesitaba ayuda... nada. Le pareció de lo más normal que entrara a su casa.

Seguí mi camino hasta la recepción de aquella casa convertida en templo. Crucé la puerta principal de lo que antes fuera un chalet y me encontré varias personas que parecía que estaban esperando para entrar al mismo curso que yo. No entablé conversación con ninguna de ellas. Y aunque eran personas normales con ropa normal y aspecto común, no me pareció un momento propicio para hablar del tiempo.

Había tanto silencio que parecía que cualquier palabra que pronunciásemos iba a romperlo en pedazos. Decidí esperar a que alguien nos indicara qué teníamos que hacer. Sin hablar con nadie. No me importaba. Total, nadie iba a entender por qué estaba yo allí.

Al cabo de un rato, un colaborador del centro, un estudiante que vivía allí, pero aún no tenía atuendos de monje, nos dio unas indicaciones y nos invitó a pasar a una sala mayor. Antaño debía ser el salón de la casa. Era grande, despejado y con un suelo de moqueta. En una de las paredes, la del fondo, había una vitrina enorme donde tenían expuestas varias estatuas de budas, todas ellas rodeando a un imponente Buda Shakyamuni —el Buda que todos conocemos—, que estaba en el centro y era la figura más grande y más iluminada. Entiéndase iluminada por la luz de una lámpara para darle protagonismo. De otras iluminaciones no seré yo quien pueda juzgar nada al respecto de este elevadísimo ser humano.

Ni muchísimo menos.

Delante de la vitrina había una especie de mesa con un mantel que llegaba hasta el suelo. En realidad, no era una mesa porque si te fijabas bien se veía detrás de ella unos peldaños para subirse. Parecía una pequeña palestra para elevarse por encima de los demás. En uno de los extremos de esa palestra había una foto enmarcada de un monje ya mayor. Era el maestro de todos los budistas de esta rama. Me hice con un sitio cualquiera. Me mezclé entre la gente. Y empecé a sentir cómo me invadía el nerviosismo porque, en verdad, me aturdía no saber muy bien qué había pasado en mi vida para llegar hasta allí. «Dios mío, ¿qué hago yo aquí?». Las personas que me rodeaban parecía que conocían el sitio y el budismo y, claro, mi mente hizo el trabajo de imaginar que yo era una paleta cualquiera que se había colado en un templo escondido en Madrid.

No pintaba nada entre ellos.

Me empecé a asustar. Me preguntaba qué demonios hacía yo allí. Qué me estaba pasando. Quizá estaba llevando todo esto de mi despertar demasiado lejos. Pensaba, de verdad, que estaban todos chalados. No estaba disfrutando de estar allí.

De repente, entró alguien a la sala. Era el colaborador que nos había invitado a pasar hacía un ratito. Cogió una campanilla y en medio de todos mis pensamientos, miedos y alucinaciones, la hizo sonar a buen volumen.

¡Tilín!

¡Tilín!

¡Tilín!

Todo el mundo presente se puso en pie en perfecto silencio. Yo, como no tenía ni idea de qué estaba pasando, les seguí. Me puse en pie. Algo va a pasar... Me latía el corazón a dos mil pulsaciones por minuto. La gente colocó sus manos en posición de rezo. O eso pensaba yo. Las manos juntas, a la altura del pecho. Creo que en mi casa familiar hay alguna foto de mi comunión justo en esa pose.

Yo no lo hice.

No puse mis manos como ellos.

Era tal el miedo que tenía que sentí que si las ponía iba a dar un paso más hacia mi captación en aquella secta. Sí, mi mente, en esos momentos ya había calificado todo lo que estaba sucediendo ese día como síntomas de captación de una secta peligrosa llena de gente que me iba a encerrar en su sótano en cuanto me despistara. Y que iban a raptar a mi hijo para forzarme a quedarme con ellos hasta que se inmolaran juntos el día de la gran liberación.

Sí, ya lo sé, era para darme de tortas. Pero a estas alturas de mi vida ya me he perdonado mi propia ignorancia. Esa ignorancia que sale a relucir en las sobremesas familiares donde te dicen que cualquier cosa que hagas que tenga que ver con las religiones es peligrosa. Así eran muchas personas de mi familia, por cierto. Y por eso creo que todos mis miedos dibujaron ese peligro sectario en mi mente.

Me quedé de pie, pero sin colocar las manos. Mi espíritu rebelde me indicaba que no cediera en todo. El absurdo por el absurdo, pero bueno, se trataba de conocerme mejor. Mi manera de reaccionar ante una novedad de este calibre también era una lección de autodescubrimiento.

Y entró ella.

Todo el mundo guardó el más respetuoso de los silencios. Venía la maestra. La gran maestra de España. La monja residente. La jefa.

Una monja de poco más de cuarenta años entró a la sala. Tenía el atuendo rojo-naranja y el pelo rapado al cero. Justo como la persona que me había recibido un rato antes. La única diferencia entre ella y el monje del jardín era que ella, en el momento de entrar a la sala donde estábamos, provocaba un respeto máximo que los asistentes le demostrábamos con silencio y de pie.

Ella entró también en silencio. La campana había sonado para avisar a todo el mundo de que «la jefa» iba a hacer acto de presencia. Y todo el que había estado ya antes lo sabía. Y los nuevos seguíamos al resto. Menos mal. Si no, no hubiera sabido qué hacer ante el tintineo de aquella campanita.

La hubiera cagado.

Perdóneme la expresión de nuevo, pero es la adecuada. La hubiera cagado como con tantas cosas de mi vida.

Cuando ella cruzó la puerta de la sala lo hizo mirando al suelo. Traía unos libros en las manos y también un estuche con sus gafas. Los dejó encima de la palestra y se giró. Quedó mirando a la vitrina frente a frente. Y nos daba la espalda a los demás, que llenábamos el salón detrás de ella. Todos miramos a la vitrina entonces. Y cada uno hizo lo que le pareció.

La maestra hizo tres veces el mismo gesto. Una posición de manos juntas en su cabeza, otra en el pecho y la tercera en el suelo. Todo ello tres veces seguidas. Y algunas personas hicieron lo mismo. Otros se quedaron esperando. Entre ellos yo, que no tenía ni idea de qué hacer con mi cuerpo.

Cuando terminó, se subió a la palestra. Y en forma de loto, es decir, con las piernas cruzadas, se sentó y rompió el hielo diciendo:

—¡¡Hola a todos!! ¿Qué tal? ¿Cómo estáis? —preguntó con una sonrisa tremenda.

Fue increíble. Un gesto tan llano y tan sencillo como un saludo. Y parecía que, de verdad, se alegraba profundamente de vernos a todos allí. Se le veía en la cara. Total entrega y alegría. De repente, todo el ambiente de aquella sala cambió. La gente le respondió con «holas» y «gracias» en perfecta voz alta. Y gracias a eso me relajé y empecé a desechar la idea de inmolarme por la de escuchar lo que aquella buena mujer tenía que contarme.

Y allí me quedé todo el día. Sentada en el suelo entre desconocidos y mirando a quien hoy en día llamo Mi Maestra. Ella no lo sabe. No creo que recuerde quién soy. Aunque mi historia con ella ha dejado posos que atesoro en mi corazón bajo llave.

Aquel hermoso día en que me uní a sus cursos de meditación, Mi Maestra, lejos de darnos lecciones incomprensibles acerca de conceptos antiguos o ultrarreligiosos, hizo que la jornada transcurriera en perfecta normalidad y armonía. La monja simplemente nos hablaba de tener calma en la mente para ser felices... Qué fácil decirlo.

La mente, ese caballo desbocado que vive dentro de todos nosotros. Esa función de nuestro Ser a la que estamos por completo sometidos por error. Por no saber para qué sirve. Porque nadie, en este lado del mundo, nos ha enseñado desde pequeños que esa mente tiene que estar a nuestro servicio y nunca, nunca, nunca, nosotros al servicio de ella. Yo la llamo «Mi Niñata Caprichosa».

Con Mi Maestra entendí que la mente es un fenómeno increíble lleno de prestaciones infinitas que nos permiten vivir. De hecho, la mente está ahí para recordarnos que tenemos que pagar nuestra hipoteca, que cojamos un paraguas si llueve, que quitemos las manos del fuego porque quema, que me llamo Susana, que hablo español... Cosas de ese estilo que garantizan nuestra supervivencia, y aunque todo eso es fundamental para vivir en esta Tierra, no la entrenamos para que se calle cuando no la necesitamos. Nos hacemos dependientes de sus pensamientos infinitos. Si permites a la mente campar a sus anchas va a dominar toda tu existencia.

Jamás antes yo había pensado que era dependiente de mi mente. Y mucho menos que me creía todo lo que ella decía. Yo no cuestionaba mi mente. Creía que ella entendía perfectamente la vida. Pero qué va, nada más lejos de la realidad. Mi mente es como un eco eterno que repite sin fin patrones aprendidos, como cuando juegas a hacer eco en una montaña y escuchas tus propios gritos volver a ti como si alguien al otro lado te los devolviera.

Eco eterno. No sé ponerle una definición mejor.

Aquel día fue fascinante. Compartí charlas, pensamientos y plato de comida con mucha gente que tenía problemas o que estaba allí por el mero interés de conocerse un poco mejor.

Medité por primera vez. O lo intenté, para ser más justa con la experiencia. Y cuando medité siguiendo, con los ojos cerrados, la voz de Mi Maestra, comprobé por mí misma la cantidad de ruido mental que tenía dentro. No conseguí que ese ruido se fuera. Era increíble la cantidad ingente de pensamientos que intentaban sabotear ese momento tan preciado. Millones de ideas se disparaban sin control dentro de mí mientras intentaba, sencillamente, calmarme un poco. Trillones de imágenes se me venían encima como si se me estuviera cayendo sobre la cara una biblioteca entera.

Para ser una primera experiencia fue horrorosa. No conseguí ni un segundo de paz. Eso sí, empecé a tomar conciencia de mi basura personal. Me la estaba encontrando sin quererlo solo porque, por primera vez, le había pedido a la mente que se callase. Y ella, mi querida mente, se estaba pitorreando de mí como diciendo:

—¡Ay, Susana! Qué ilusa. Aquí mando yo, querida.

Y yo no estaba dispuesta a seguir dándole el mando de mi vida.

Aunque el encuentro con mi mente no fue bonito, el día sí que lo fue. Cuando terminaron las lecciones ya era de noche y me fui a mi casa sintiendo una pizca de alegría. Decidí que volvería a aquel templo sin ningún tipo de duda.

Abriendo los ojos

Empecé a practicar la meditación por mi cuenta y a volver al centro budista donde por primera vez, desde hacía muchos años, me sentía en casa. Sentía que había encontrado un lugar donde era bienvenida sin que nadie hiciese sobre mí juicio personal alguno. Tuve que abrirme a conocimientos nuevos. Conocimientos que de tan lógicos me hacían sentir muy estúpida por no haberme dado cuenta antes de su sencillez, pero qué podía hacer, había vivido toda mi vida como un robot y ahora, después de esa experiencia mía tan sorprendente, estaba dejándome tratar como una niña que quiere aprender a vivir de nuevo.

Qué gracia me hace recordarme a mí misma en aquellos tiempos. Le recuerdo, querido lector, que yo estaba coja, deprimida y dolorida. Y aunque empecé a incorporar la meditación y las peticiones al universo a mi día a día, mi vida seguía siendo la misma en aquella oficina demoníaca diseñada por Satán.

Y, claro, con este nuevo momento vital que estaba pasando ya no podía concentrarme en mi trabajo porque tenía una nueva obsesión por descubrir más de este maravilloso mundo que se me había aparecido por pura causalidad. Así que procuraba apurarme en hacer todas mis tareas del día muy rápido y así ganar algo de tiempo que dedicar a estudiar con todo mi ahínco.

Dejé de hacer caso alguno a mis compañeros. Se volvieron transparentes. Estaba tan empecinada en entender cómo funciona mi mente, mi ser, mi espíritu, que las cosas y personas que me rodeaban y antes me molestaban pasaron a ser invisibles. Empezaba a experimentar momentos de paz dentro de mí. Y eso era impagable para una persona como yo.

Cuanto más estudiaba, más enorme me parecía lo que me quedaba por saber. Era terroríficamente inmenso el arsenal de libros, obras y autores de todos los tiempos que llevan ahí toda la vida dejando preciosos conocimientos desde que el hombre es hombre. Y todos ellos diciendo lo mismo con diferentes palabras. Aunque también había momentos en que me saturaba tanto que pensaba que mi cerebro iba a estallar. Era el precio que tenía que pagar por sustituir información antigua por información nueva y fresca.

Pero no me importaba. Nada.

¿Empezaba a ser feliz? No lo sé. Aquella noche de octubre seguía dando vueltas en mi cabeza. ¿Qué había pasado? ¿Esto de despertar de repente le pasa a la gente? Tenía que saberlo... y entonces se me ocurrió la idea de que quizá la budista pudiera darme una respuesta si le preguntaba directamente y le contaba mi particular vivencia nocturna.

Un día, conocí a una de las voluntarias que ayudaban a esta comunidad budista a mantener el centro. Era una voluntaria que estaba viviendo con los monjes y monjas budistas en ese lugar tan pacífico y amoroso, como fase previa a su propia ordenación como monja, aunque en aquel momento se vestía de calle y podía parecer que era una alumna más de las que visitaban el centro.

Recuerdo aquel día como si me hubiera ocurrido hoy mismo.

Ese día, con la excusa de comprar un libro en su tienda, me acerqué al centro budista a una hora en la que no había alumnos esperando para entrar en clase, solo clientes que esperaban a que la librería abriese las puertas al público para hacerse con algún libro de sus preciosas enseñanzas.

La voluntaria en cuestión estaba allí, detrás del mostrador de recepción, y yo, después de titubear un rato y disimular otro rato mirando libros, me acerqué a ella y entablé un diálogo excesivamente tímido para tratarse de mí:

—Hola, ¿puedo hacerte una pregunta? —le dije con bastante rubor.

—¡Claro, para eso estoy! —me contestó ella con una sonrisa que a veces pienso que les obligan a ensayar para que les salga tan perfecta.

—Mira, mmm, esto... oye, ¿hay alguna posibilidad de que pudiera hablar con la Maestra en privado en algún momento?

—Pues sí, claro, ¿necesitas ayuda con algún concepto? —preguntó ella con afán de ofrecerme su propia ayuda allí mismo.

—Pues no lo sé. La verdad es que necesito entender algo... Pero no es un concepto, es una experiencia y no sé ni por dónde empezar. No la entiendo ni yo —me sinceré.

Debí poner cara de «por favor, pregúntame más que necesito contárselo a alguien» porque ella, de una forma muy amable, me hizo una mueca con la cara para que continuara. O así lo entendí yo.

El caso es que, muerta de vergüenza, comencé mi relato personal de aquella noche de octubre. Cómo me había sentido. Cuánto había durado. Que no lo había buscado y que era como enamorarme de quien no debía. Que había sido inesperado y que desde entonces todo en mi vida estaba cambiando.

Ella me miraba a los ojos con todo su amor y paciencia y manteniendo un silencioso respeto hacia mí que podía notarse aun sin que ella abriera la boca. Por un momento pensé que me iba a traspasar con la mirada.

Cuando terminé mi inocente resumen ella todavía me miraba fijamente. Y, de repente, lloró.

Se puso a llorar con una ternura que me conmovió a mí también. Y no lloraba de pena, qué va, lloraba de alegría por mí. Y así me lo hizo saber.

—Lo que te ha pasado es una bendición —comenzó a decir—. Es algo que todos nosotros buscamos aquí. Me parece hermoso. Me alegro mucho por ti.

Me emocioné, claro está. Parecía que me había tocado la lotería espiritual, a juzgar por las palabras de mi improvisada confidente.

—Ven conmigo, dame la mano, por favor —me dijo.

Y se la di. Y ella echó a andar hacia la sala principal. Y yo la seguí sin rechistar.

Me llevó a lo que llaman la gompa. La sala principal donde yo solía asistir a las clases de meditación y que tenía budas y otras figuras por todas partes. Todas las veces que yo había estado dentro de esa sala lo había hecho con otras decenas de personas y ahora, sin embargo, estábamos solas mi confidente, los budas y yo.

Ella se arrodilló ante la gran figura central del Buda y me invitó a hacer lo mismo. Y lo hice, claro que sí. Me arrodillé a su lado frente a frente con Buda Shakyamuni, y fue entonces cuando ella colocó las dos manos juntas a la altura de su pecho y comenzó a decir:

—Oh, ser bienaventurado Shakyamuni Buda, ayuda a Susana a encontrar su camino. Ilumina su sendero. Que encuentre lo que está buscando y que tenga paz y felicidad en su corazón.

Se puso en pie y le dio las gracias. Y yo a ella. La emoción fue demasiada para mi pobre corazón ignorante.

Al salir de la gompa me sentí bendecida y ligera de equipaje como aquel día de mi primera confesión cuando era niña. Se repetía la historia. Una vez más, de rodillas ante algo que me bendice. Esta vez sin penitencias, eso sí.

Antes de irme, mi nueva confesora me gestionó la visita con la Maestra anotándolo en su agenda personal.

—Ya verás cómo te ayuda ella. Es genial. Y te deseo lo mejor en tu vida —me dijo zanjando las gestiones con una sonrisa de diamante a la que yo ya tenía cariño.

—Gracias. Inmensas gracias —le dije con toda mi sinceridad.

—De nada. Eres bienvenida cuando quieras.

En ese momento deseé poder materializar mi agradecimiento con ella. Hacía unas semanas que me habían regalado un collar del que colgaba una preciosa cabeza de Buda y rápidamente recordé que lo llevaba puesto. Me lo quité. Se lo regalé a ella allí mismo antes de marcharme. No se me ocurría manera mejor de darle las gracias de verdad.

—¡Oh, gracias! Me encanta. —Y se lo puso allí mismo en su cuello. Tengo que decir que lucía inmensamente mejor en ella que en mí. Su amor hacia Buda era sincero y contagioso.

Y entonces abrió un cajón de su mostrador de recepción y metió la mano para sacar algo:

—Toma esta estampa. Te la regalo.

Y en ese momento me devolvió el gesto que yo había tenido con el collar regalándome una preciosa representación de la Tara Verde. La Santa Madre de todos. La deidad femenina más elevada en el budismo.

Otro regalo más. Sentí que no lo merecía. Pero lo acepté con agrado y lo sigo conservando con todo mi amor para que jamás se me olvide este precioso día de mi vida.

Me sentía budista. Recién llegada, pero ya budista. Les adoraba. Estaban siendo mi apoyo personal en ese trance tan extraño que es el despertar. He de decir, querido lector, que me sentí budista un tiempo porque necesitaba el amor de alguien desesperadamente. Un amor que iba mucho más allá del que mi marido pudiera darme y, de hecho, me daba. Necesitaba el amor de un grupo donde yo fuera bienvenida. Y con ellos, además, aprendía tantas cosas acerca de la mente que sentía que, de no ser porque tenía —y tengo— hijos, yo misma habría solicitado mi ingreso voluntario a su colectivo con el fin de dedicarme a explorar dentro de mí de por vida y juntar mis piezas como un puzzle que nunca nadie hubiera resuelto.

Pasaron los días y la cita con la Maestra llegó. Asistí a sus clases como hacía con regularidad y al finalizar la lección del día, ella me esperó en la puerta, amablemente.

Me dirigí hacia ella muerta de la vergüenza y con brotes de arrepentimiento, fruto de un complejo de inferioridad tremendo que me brotó en ese momento:

—Hola —le dije con la cara colorada como un tomate de Almería.

—¡Hola! Eres Susana, ¿verdad? —me preguntó con esa sonrisa que seguro que tenía que estar ensayada ante el espejo, porque era idéntica a la de mi confesora improvisada unas semanas antes.

—Sí, gracias por recibirme. —Me temblaba la voz.

—¿Damos un paseo? —me dijo ella con tranquilidad, invitándome a salir por la puerta principal hacia los jardines que rodeaban su centro.

—Claro. Vamos.

Cogida de mi brazo, empezamos a caminar por los jardines que rodeaban su templo urbano. En mi memoria sé que eran jardines, aunque le prometo que yo, cuando relato la historia de viva voz, cuento que caminamos por un bosque. No tengo ni idea de por qué mi mente lo recrea así. Quizá para engrandecer el momento o quizá, simplemente, para exagerar la emoción que sentí.

—¿Sabes qué? Voy a descalzarme. Me gusta estar en contacto con la tierra —me dijo ella mientras se quitaba las sandalias.

—Me parece estupendo. Voy a hacer lo mismo —le dije yo, sumándome a su iniciativa de sentir el suelo que pisaba.

—Y dime, Susana, ¿qué puedo hacer por ti? —me preguntó directamente.

Y entonces le conté mi experiencia. Mi relato secreto del «despertar» nocturno. Lo hice con todo detalle y poniendo énfasis en mi duda personal de si estaba volviéndome loca o si, por el contrario, esas cosas les pasaban a las personas normales, mientras ella me escuchaba, mirándome expectante, hasta que terminé mi impecable resumen.

—Qué bonito —me dijo—. Qué bendición la tuya.

—¿Ah sí? —No se me ocurrió mejor respuesta.

—Sí. En otras vidas has sido muy creyente. Y lo que te ha pasado es que, en esta vida actual, se te ha abierto un chakra, el chakra del corazón, y has empezado a recordarlo —me contestó con toda tranquilidad.

—¿Cómo...? ¿Otras vidas? ¿Chakras? —Yo alucinaba de estupefacción.

—Sí. Eso ocurre a veces. Un conocimiento que ya reside dentro de ti se abre. Y no es un conocimiento que adquieres. Es un conocimiento que comienzas a recordar —me aclaró.

—Pero... ¿en otras vidas? No sé si alcanzo a entenderlo —dije, sintiéndome bastante más ignorante de lo que ya había descubierto.

—Sí, otras vidas. Todos las tenemos. ¿Crees que venimos a este mundo a pasar penurias una única vez? —me preguntó.

—Pues no lo sé... Jamás antes lo había pensado.

—Es lógico, Susana. Nadie te ha enseñado a pensar que tu ser es eterno. Que ya has estado aquí más veces y que la acumulación de esas experiencias reside en tu mente. La que no muere. Llámalo alma si así lo entiendes mejor.

—Entonces, ¿esto le pasa a la gente? ¿No me estoy volviendo loca? —pregunté directamente ante el pavor de estar perdiendo la cabeza. Cabeza que, por otro lado, con cada sesión de meditación se iba apaciguando un poco.

—No. Para nada. Lo que tú llamas locura son brotes de lucidez precisamente. La locura es creer que lo que percibes con los cinco sentidos es todo lo que hay.

—Entonces, ¿hay más que lo que percibo con mis sentidos?

—No solamente hay más, sino que lo estás creando tú. A mí, por ejemplo, me has creado tú. Yo para ti soy una creación en tu mente. No estoy aquí, fuera de ti, estoy dentro de tu construcción personal de la realidad que vives. Es tu mente la que me da vida. Si tú no estás yo no existo —me dijo con la calma con la que yo a mis hijos les digo que hay que lavarse los dientes tres veces al día.

—¿Per-dón? ¿Cómo que te he creado yo? Pues pareces real...

—¡Qué graciosa eres! —Se lo tomó como un chiste, pero yo sé que el comentario era completamente serio por mi parte—. Todo es energía, Susana. Tú, yo, las flores, los coches, las emociones... Todo. Y tú con tus sentidos la captas y con tu cerebro fabricas la película que dices ver. Pero todo ocurre en tu interior.

Me quedé callada. Necesitaba asimilar lo que estaba escuchando. Me enteraba por primera vez que soy como una cinta de cine, pero andante. Por un lado, captando las imágenes y, por otro, proyectándolas sobre una pared creando la película, solo que sin palomitas.

—Busca la calma en tu interior con la meditación y verás cómo poco a poco empiezas a tener más momentos de lucidez. Ah, y no creas en nada. Procura experimentar por ti misma la claridad. El camino se te ha mostrado, aprovéchalo —dijo para comenzar a despedirse con amabilidad y volver a sus quehaceres.

—Lo haré. Gracias, Maestra —me despedí también.

—Eres bienvenida cuando quieras.

Me dio un abrazo y se fue. La vi entrar por la puerta con su túnica roja con toques naranja y por un momento envidié su vida y su paz.

Me prometí a mí misma volver hasta convertirme del todo. Pero no lo cumplí. Ya nunca volví a pisar ese templo de la paz. La vida se encargó de dirigirme hacia otras aventuras que seguirían abriéndome los ojos y cerrando mis heridas.

Me aburría mucho mi rutina diaria. Ir al trabajo era una tarea que tenía que digerir cada día como podía. Por mucho que me absorbiera mi nuevo juguete espiritual, no podía escapar al hecho de que mi trabajo en aquella oficina-basurero me aplacaba el alma.

Mis resultados como comercial no eran buenos, no tenía ningún apego emocional al producto que vendía. Cada empresa que visitaba intentando persuadir al director de turno a que contratara los maravillosos servicios de la compañía que yo representaba, me invitaba a marcharme amablemente con un «ya te llamaremos si cambiamos de opinión» y, como era de esperar, por alguna razón, todo eso empezó a dejar de preocuparme. Me daba igual la empresa, mis compañeros y mis jefes. De manera literal. Tengo que decir que ese es el primer logro que conseguí gracias a mi despertar y a mi nuevo entretenimiento de meditar de tanto en tanto. Algo era algo, no se podía negar. El estrés de entrar cada mañana por la puerta de aquella casa de los horrores empezó a disminuir.

Pero, mi pie... Era mi pesadilla. Meditara o no, me seguía doliendo el cuerpo. Sentía que pisaba cristales rotos cada vez que daba un paso. Pisaba fuego. Y me ardía la pierna hasta la cadera cada día. Y cada noche.

Era una coja loca a la que ningún tratamiento parecía funcionar. Aún recuerdo aquellos días en que la doctora especialista en traumatología que llevaba mi caso me pinchaba entre los dedos de los pies una jeringuilla enorme, llena de un líquido amarillento, con el fin de anestesiar la zona afectada y que pudiera disfrutar de unas horas de paz y ausencia de dolor. Aquellos pinchazos se llamaban infiltraciones y eran, en mi caso, una droga al igual que las pastillas de la felicidad que llevaba en el bolsillo a todas partes. Me adormecían la zona afectada y, cuando se pasaba el efecto, el regreso del dolor me hacía llorar de rabia más que de molestia.

El dolor del pie, las pastillas de la felicidad... la meditación. Algo no encajaba en aquella combinación. Por un lado, tenía a la loca de mi mente muy entretenida absorbiendo enseñanzas de lo más profundo y, por el otro, tenía al abandonado de mi cuerpo consumiendo drogas para poder levantarme de la cama cada día.

Un día, mientras caminaba por las calles de Madrid, tuve una catarsis mental:

—Espera, Susana. Reflexiona —me dije a mí misma ese día, en voz alta, en medio de la calle, quedándome clavada en el sitio en el mismo momento en que las pronunciaba y con la consecuencia de que los viandantes que me rodeaban me observaran con asombro—. ¿Pero qué narices estás haciendo con tu vida?

Otra vez iba a pasar. Mi pobre cabecita loca se revolucionó sola y sintió la revelación. De nuevo, un pequeño atisbo de lucidez se abría paso entre los escombros de mis pensamientos.

—Tienes que pasar a la acción... ¡Sí! ¡Tienes que vivir sin escafandra de una vez! ¡Deja esas drogas ya! ¡Ellas son un refugio ficticio que te está anulando! ¡Esta no eres tú! —No recuerdo si esto lo grité en alto. Conociendo mi grado de locura, es posible que sí.

Sentí claramente el colapso de mi mente. ¿Esta... no soy yo? Por Dios... si no sé ni quién soy. ¿Quién vive debajo de estas pastillas?

Tuve un remolino de ideas que peleaban entre ellas por quedarse con los asientos de primera fila de mi cerebro.

La mente es todo...

Pero tú no eres la mente...

Tú atraes todo a tu vida...

Tú has creado esta realidad...

Y además la estás empastillando para no ver cómo es de verdad...

Se me mezclaron los acontecimientos de los últimos meses como formando una ensalada de emociones que me sabía extraña.

Me eché a llorar. Metí la mano en el bolsillo y saqué mi pastillero gastadísimo por el uso. Lo miré clavando mi mirada durante un buen rato y... siento decepcionarle en este momento tan peliculero de mi relato, pero no, querido lector, no tiré mi pastillero a la papelera poniendo a Dios por testigo de que jamás volvería a tomar aquellas drogas. Me lo metí de vuelta en el bol-

sillo. Porque sentí miedo. Miedo de mí misma. Miedo de no tener ni idea de cómo vivir sin aquella basura química de la que yo
era tan dependiente, por mucho que empezara a atisbar que vivir
no era precisamente lo que yo hacía.

Apestando a incienso

Maldito miedo de mierda. El freno de mi vida.

Desde luego, tenía que reconocer que ya era todo un logro empezar a vislumbrar que mi sobredosis de calmantes tenía la función de tapar mi miedo a vivir. Hubo un tiempo en que pensé que las pastillas tapaban el nerviosismo y el estrés, pero me equivocaba. Tapaban el terror a vivir. El nerviosismo, los temblores y la presión en el pecho no eran más que las señales que ese terror enviaba a mi cuerpo con el fin de que me enterase de su presencia. Yo era una caja rebosante de miedo. Miedo a hablar en voz alta. Miedo a no ser amada. Miedo a no llegar a nada en la vida. Miedo al abandono. Miedo a morir. Miedo a vivir. Tenía todos los miedos del mundo en mi trastienda personal y yo me consolaba meditando cada día durante ratos más y más largos. Aunque por aquella época no conseguí más que ratitos de calma mental. Y ya era todo un logro, viniendo de mí.

Llegaba a casa después de los días de trabajo apestoso y rutina que se repetían como ajo frito y siempre buscaba un momento para sentarme en silencio y practicar lo aprendido en el centro budista.

Silencio. Respiración. Meditación.

A veces solo guardaba silencio y pensaba. Pensaba mucho. Reflexionaba constantemente acerca de las lecciones que estaba aprendiendo sobre mi mente y de todos los conceptos espirituales que no paraba de descubrir. Que si la mente por aquí, que si el silencio por allá, que si todo está en mi interior, que si la felicidad no se puede buscar fuera, que si pedid y se os dará, que si la visualización creativa... Necesitaba interiorizarlos. Razonarlos. No me servía solo con asentir como un autómata y creerme sin más todo lo que me contaban los libros.

Tengo que reconocerlo: tengo alma de adicta. Esa pasión por estudiar todo libro que cayera en mis manos era una nueva droga. Pero esta era buena. Era enriquecedora para mi espíritu, al que llevaba tantos años sin dar de comer.

Como buena adicta, empecé a disfrutar de la mercadotecnia de este mundillo y a comprar productos espirituales de todo tipo. Es muy habitual que cuando nos convertimos en algo, sea en madre o padre, sea jugador de pádel o aficionado a cocinar con Thermomix, se produzca esa fase en que el nuevo tema en cuestión nos absorbe de tal manera que tenemos que hacer visible al mundo que pertenecemos a ese fantástico y selecto club. Seamos honestos, si usted es del Real Madrid, por mucho que lo sea de corazón y nadie se lo discuta, necesita hacérselo ver a los demás. Uno no es del Real Madrid si los demás no lo saben y, para que lo sepan, usted —y yo— probablemente vestiremos en alguna ocasión la camiseta de Ronaldo con el número siete en la espalda, aunque sea comprada en alguna tienda donde hacen réplicas baratas. Es una condición humana. Hacernos ver.

Crear unas señas de identidad sobre nosotros. Para gustarnos y, sobre todo, para gustar a los demás y que nos acepten. No hay mucho que razonar sobre eso.

Y, por supuesto, el mundo de la espiritualidad tiene lo suyo. No hay más que teclear en Google la palabra «incienso» para que se despliegue toda una gama de objetos, piedras, cartas adivinatorias, colgantes, amuletos, rosarios, estampas, símbolos, cuencos, campanas, adornos para la casa y vinilos con frases de Buda por todas partes.

¡Ay, el incienso! Me lo encontraba a todas horas. La verdad es que me encantaba su aroma, no puedo negarlo, y lo cierto es que me parecía que el incienso era el símbolo maestro de todas las disciplinas espirituales que estaba descubriendo. Todos los lugares donde se reunía gente alrededor de algún asunto espiritual, bien fueran charlas, cursos o meditaciones, olían a incienso.

Si entraba en una tienda de libros de crecimiento personal... la tendera tenía unos pantalones holgados de colores, una cinta en el pelo y un montón de incienso ardiendo que hacía que su tienda en cuestión pareciera Londres en una tarde de niebla.

Si entraba en un centro de terapias a preguntar si me podía unir a sus meditaciones semanales... pues la chica de recepción que te atendía se llamaba Muladhara, llevaba un vestido como de lana hecho a mano y, encima del mostrador, al lado de unos folletos donde se podía leer *Salvemos al mono Tití del Amazonas,* tenía su platito con incienso de sándalo, que es muy bueno para conectar con el cosmos. Es la marca del club. El escudo de la escuadra espiritual. Incienso, luego existo, empecé a pensar cada vez que me lo encontraba. Y, claro, llegó el día en que yo también empecé a comprármelo. Estudiar, meditar y creer todo junto no es nada sin un buen incienso. Es como tener la copa y la aceituna y no tener el Martini. ¡Imposible!

Mi casa empezaba a padecer también la transformación. Como es adentro es afuera, se suele decir, y en mi hogar esto no pasó desapercibido. Un buda por aquí, un incensario por allá, un poster de Tara Verde, una frase motivadora y toneladas de incienso.

Mi pobre marido sufrió la transformación, no solo de su mujer sino de su casa. A veces todavía me pregunto por qué no salió corriendo para no volver.

Al igual que con el incienso, mis intereses se centraron únicamente en seguir estudiando cuestiones espirituales de todo tipo y, claro está, mi tema de conversación central en la vida pasó a ser ese: la espiritualidad. Tener conversaciones normales, con personas normales, acerca de la hipoteca, la crisis inmobiliaria y los hijos empezó a caer en un segundo plano en mi vida, lo cual, de manera inevitable, trajo consecuencias a mi círculo social.

Puede que ahora esté imaginando que mis amigos me dejaron de lado, pero lo cierto es que no. Fui yo la que poco a poco fue tomando derroteros distintos. Las personas comunes me aburrían. No me seguían. Tenían conversaciones de lo más llano y yo ya no estaba en ese peldaño. Me dormía solo de escuchar que la lavadora con los uniformes de los niños no había centrifugado bien y que habían salido chorreando. Menudo drama.

Yo intentaba poco a poco soltar mis perlas de sabiduría nuevas entre la gente y, como era de esperar, había quien me escuchaba y quien me ignoraba abiertamente. Mi ego quería conocer a otros egos como el mío o por lo menos transformarlos como me estaba transformando yo.

Transformarlos... ¡Qué inocente, por favor! ¿Se puede ser más arrogante? Yo creo que no. Pero bueno, no puedo escapar al hecho de que, en efecto, padecí la odiosa fase de creerme que gracias a mi despertar espiritual estaba volando por encima del común de los mortales. Lo cual no me trajo más que problemas, dicho sea de paso. El primero con mi marido, que estaba realmente harto de mi incienso y de verme evolucionar hacia una especie de predicadora perrofláutica que solo hablaba de la Ley de Atracción, Buda y mi recién estrenado concepto del universo o de Dios, como usted prefiera llamarlo.

Pero es que me gustaba hablar de este tema. Me obsesionaba. Esa es la verdad.

Aún recuerdo a una compañera de trabajo con la que me llevaba de forma maravillosa —que también la tuve— a la que, cada vez que me encontraba a solas, disparaba sin piedad todo concepto espiritual que se hubiera implantado en mi cabeza recientemente. Se llamaba Sara y nos ayudaba a todos a hacer mejor nuestro trabajo asistiéndonos con cada gestión que se nos atascaba, y yo la utilizaba para algo más, para hablarle en voz alta de mis recién adquiridas lecciones acerca de la mente, el espíritu, el Gran Plan, el alma, la meditación y la cocreación de la realidad, cuando me la topaba por los pasillos o en la máquina de refrescos.

Creo que Sara empezó a odiarme en silencio. Nunca me lo dijo, pero a veces notaba en su cara que la aburría. Pero era una buena chica, una dulce compañera que siempre me trataba con respeto y aguantaba mis chaparrones sin rechistar. Con el tiempo desarrolló la broma de esconderse de mí cada vez que me veía. Yo me reía. Era plenamente consciente de que, como se suele decir, le ponía la cabeza como un bombo. Durante horas.

He de decirle, querido lector, que esta fase por suerte se supera. Es solo un pico de tensión que al final termina por debilitarse por sí solo. No vaya a pensar que si esto le pasa a usted se va a quedar toda la vida ahí predicando lo que aprende a diestro y siniestro. Realmente se parece mucho al proceso de enamoramiento donde, al principio, las parejitas enamoradas literalmente aburren —o mejor dicho, aburrimos— a las personas que les rodean hablando maravillas increíbles acerca de sus nuevas parejas maravillosas recién pescadas, sin darse cuenta de que quien les escucha no puede ver a esa pareja con sus mismos ojos ni sentir tan siquiera la mitad de ese enamoramiento.

Cada cual tiene su proceso y ni yo ni nadie puede alterarlo. Déjeme poner un ejemplo muy clásico: mi marido, que de hecho es forofo del Real Madrid, intenta explicarme muchas veces qué es eso del fuera de juego. Jamás lo he visto. Para mí el fuera de juego es como para él Dios o el universo, solo un concepto que espero, algún día, poder ver y experimentar con mis propios ojos. Entre tanto, el fuera de juego es un concepto más que no me aporta nada en la vida y que mi marido ha desistido de explicarme. Aunque tengo mi camiseta del Real Madrid siempre preparada para los grandes partidos. No lo voy a negar.

Sin embargo, este tema de lo espiritual, que me sigue maravillando, también me trajo nuevas conexiones con personas que han dejado dentro de mí un poso excepcional. Personas que antes simplemente no veía.

Recuerdo a la perfección un día que, caminando por la calle, mientras volvía a mi casa tras finalizar un día de lo más normal y probablemente aburrido como el que más, me topé con una vecina con la que jamás había intercambiado más que algunos saludos cordiales cuando nos cruzábamos por las zonas comunes. «¿Qué tal? Parece que va a llover...» era el máximo al que habíamos llegado en años. Y eso que vivíamos en la misma urbanización.

No sé ni cómo empezamos a charlar acerca del clima, los niños y la puerta del garaje que siempre se estropeaba y, de repente, sin darme ni cuenta de cómo hicimos el cambio de tercio, me vi inmersa en una charla espiritual de un contenido tan profundo que me asombró que viniera de esta persona tan cercana a mi casa y tan desconocida para mí.

Se llamaba Celia y era una mujer discreta, madre de cuatro hijas, divorciada de un alto ejecutivo que trabajaba en un banco de los que usted conoce bien, arreglada, formal, elegante... muy lejos de ser una predicadora perrofláutica como yo.

Era una Señora. Así, con mayúsculas. Y el caso es que encajamos como si nos conociéramos de siempre, haciendo aparecer esa magia que a veces ocurre entre las personas. Las dos nos pusimos a hablar con pasión y apariencia de ser amigas desde hace años y, claro, hablamos de todos los temas posibles en casi dos horas de fluida conversación que pasaron como si fueran diez minutos.

Yo estaba fascinada con ella. Sabía, y mucho, acerca de cualquiera de los temas que tocábamos. De repente, sin pensárselo dos veces ni prepararme mentalmente de alguna manera, me dejó caer con toda naturalidad que ella convivía desde niña con un don suyo que no conocía casi nadie. Sí, ese don. El don de dones. El de ver almas no encarnadas entre nosotros.

Tra-ca-trá.

Yo alucinaba de estupor:

—Em, esto... ¿perdona? ¿Almas no encarnadas, dices?

—Sí, muertos. ¿Así te suena mejor? —se rio con la elegancia con que se ríen las damas.

Pues, hombre, mucho mejor no sonaba, no. Para qué nos vamos a engañar. De hecho, me asusté tanto que por un segundo quise marcharme corriendo y negar que la conocía o que había tenido una conversación con ella. Pero me quedé, porque una fuerza interior me clavó al suelo con fuerza y, qué narices, las ocasiones las pintan calvas. En el fondo, me atraía exageradamente lo que ella estaba empezando a contarme.

—Pues, hombre, no sé... nunca me ha pasado —le dije con voz inocente de niña pequeña.

—Bueno, tengo que decir que no es algo con lo que estoy precisamente feliz —me confesó de sopetón.

—¿Y por qué?

—Pues porque me molestan, Susana.

—¿Te molestan? ¿Cómo? —Mi estupor iba en aumento a una velocidad de vértigo mientras mi mente aprovechaba la ocasión para dibujar una escena de terror con el fin de ilustrar ese comentario suyo. Seguro que pensé en esa típica imagen de dos hermanas gemelas ensangrentadas cogidas de la mano en medio de un pasillo diciéndote «ven a jugar con nosotras», aunque me duró poco esa visión después de su explicación infinitamente más sencilla:

—Porque vienen de repente y la visión es tan clara que me cuesta diferenciar si están en el más acá o en el más allá. —Hizo un gesto raro con las manos, como colocando el más acá a su derecha y el más allá a su izquierda. Inevitablemente, me pre-

84

gunté por qué me pasaban estas cosas a mí, que había tenido una vida de lo más aburrida en lo que a asuntos paranormales se refiere.

—¿Quieres decir que no sabes distinguir si hablas con vivos o con muertos?

—Efectivamente —guardó silencio. Se notaba en su cara que este asunto le molestaba de verdad.

—Pues, hombre, yo estoy viva —le dije en un absurdo alarde de genialidad dialéctica, sonriendo, con un tono de consuelo fallido e intentando suavizar su tensión.

Ella mantuvo dos segundos de silencio que se hicieron eternos.

—Ya sé que estás viva. Los muertos no tienen por costumbre pagar la cuota de la comunidad de esta urbanización... —me contestó al final, devolviéndome el chiste.

Vivos, muertos, almas, mentes... Con honestidad, esto empezaba a ser demasiado para mí. Jamás antes había tenido yo interés alguno en los muertos. Entiéndase en los que vulgarmente llamamos fantasmas.

—Resulta que vivimos en muchas dimensiones, Susana. No solo en la física. Cuando mueres es solo tu cuerpo el que termina su función. Después está el viaje... —me explicó como quien explica una suma sin llevadas a un niño.

—¿El viaje? ¿Qué viaje? —Se me ocurrieron más chistes, pero me los ahorré para no meter la pata con la gran dama del misterio que acababa de descubrir.

—El viaje. El traslado de regreso a la Fuente. El volver a quien realmente eres. Tu cuerpo solo es un traje que te pones para vivir esta experiencia que es la vida humana. Cuando completamos la aventura de vivir, nos vamos y devolvemos el traje. Eso es todo. Considera tu cuerpo como un coche de alquiler con el que estás aquí de vacaciones.

Recordé a la Maestra budista y sus comentarios acerca de mi vida pasada como creyente. Reviví cuando me dijo que en esta vida yo estaba recordando quién era porque ya había vivido antes. Así que, de un modo u otro, las palabras de mi vecina misteriosa me estaban llevando de nuevo al mismo lugar. Al de la vida eterna que se repite en diferentes experiencias vitales. Solo que esta vez aproveché la ocasión para interrogarla aún más.

—Entonces, nuestra vida actual como humanos ¿es como la de un astronauta que necesita un traje especial para vivir la experiencia de salir al espacio? —Sentí que me había vuelto una niña de nuevo.

—¡Exacto! Es lo mismo. En realidad, no es algo complicado de entender. Tú no eres un ser humano viviendo una experiencia espiritual, sino un ser espiritual viviendo una experiencia humana, es decir, con un traje de ser humano puesto. Y ocurre que, a veces, cuando el traje muere, ese viaje de vuelta del alma no se completa. El desencarnado se queda entre los dos mundos. Esperando terminar algo. A veces incluso sin saber que ha muerto y que su viaje ha comenzado —aseguró como si fuera la Gran Maestra de Maestros de todos los tiempos.

—Ah...

—¿Sorprendida?

—Pues, hombre, yo jamás había pensado en el viaje... ni en la Fuente. No alcanzo a comprender lo que es. Lo siento.

—Claro que no lo comprendes, se nota, he visto que andas bastante coja —me dijo con un halo de misterio.

—Perdona, pero no entiendo la asociación de conceptos. ¿Quieres decir que camino así de coja porque no entiendo lo que es la Fuente? Me estoy perdiendo... —dije frunciendo definitivamente el ceño.

—La Fuente es la madre la Energía Universal. La que nos mantiene vivos. La generadora de todas las energías del universo. El Om, el Prana, el Chi... Le han dado muchos nombres a lo largo de la historia.

—Sigo sin entender...

—Deja que termine, ¿quieres?

—Sí —le di permiso a mi improvisada maestra urbana.

—Muy bien. La Fuente es el campo continuo de energía que es anterior a todo lo que perciben tus sentidos. Es el combustible original de todas las cosas. Lo forma todo en el cosmos. Lo mantiene todo en funcionamiento. Algunas culturas lo llaman Energía Cósmica. ¿Te suena?

—No... Pero estuve un tiempo yendo a un centro budista que utilizaba el concepto de Mente Universal para todo. Nunca llegué a entender bien lo que era.

—Pues la Fuente, Susana. La Fuente.

—Ah... —Mi ego espiritual se vio seriamente minimizado por los conceptos que esta señora tan sabia, que vivía a dos puertas de mi propia casa, estaba compartiendo conmigo, que me las daba de avanzada espiritual.

—La Fuente sostiene la vida. Es energía en estado puro. Sin polaridad. Es como el caldo sobre el que flotan todos los ingredientes de tu querido universo recién descubierto.

—Qué interesante...

—Es más que eso, Susana. Es primordial. Fundamental. Creo que también la llaman Akasha...

—¿Tiene que ver con los chakras?

—¡Sí! Ahí es justo a donde quería llegar. Tus chakras y los míos son unos centros de energía que hay en tu cuerpo. No son más que una representación pequeñita del pequeño cosmos que es el ser humano.

—Una monja budista me dijo que se me había abierto el del corazón... —le conté con timidez.

—Es probable. Aunque lo interesante de todo ello es que son las siete puertas maestras a tu propia energía corporal. Son como un campo magnético que tiene siete motores. Hay culturas que dicen que algunos más...

—Ya. ¿Y eso que tiene que ver con la Fuente y, sobre todo, con mi cojera? —empezaba a impacientarme.

—Pues muy sencillo. Tu cuerpo tiene una porción de la Fuente dentro. Mejor dicho. Tu cuerpo es la parte densa de ese campo de energía que tú eres. Y no hay energía en el universo que esté separada de la Fuente. Estamos unidos a ella, a través de nuestro propio cuerpo energético. Y los chakras se aseguran de mantener ese cuerpo energético tuyo en correcto funcionamiento, renovando continuamente la energía que te mantiene viva, Susana. De la Fuente al cuerpo en un ciclo continuo del que ni te enteras.

—Mi campo de energía... ¿es el aura?

—Sí. Solo que el aura es infinita, aunque la encontrarás en los libros representada por siete capas de colores, y digamos que los chakras son las turbinas que hacen que el combustible fluya a través de ella para mantenerte sana y, por lo tanto, en paz.

—Vale, Celia, supongamos que te entiendo... —dije en tono de detective privado—. Pero, entonces, ¿qué tiene que ver eso con mi pie?

—Pues muy sencillo, Susana. Cuando la energía de una zona de tu cuerpo no fluye correctamente, se atasca. Se estanca. No se renueva. Es como una tubería que se ensucia. Hace que el agua no pase y se vuelva barro. Es evidente que tu pie tiene un estancamiento grande. ¿Llevas mucho tiempo así?

—Casi dos años. —Me amargué solo de recordarlo.

—Pues llevas dos años de bloqueo en tu pie. Con la tubería llena de barro. Una energía que no fluye produce un sinfín de síntomas previos al dolor hasta que, a base de ignorar esas señales, con el tiempo se hace densa y aparecen lo que llamamos enfermedades.

—A ver, a ver, espera un momento. Creo que esto está siendo demasiado para mí hoy. ¿Quieres decir que mi pie está enfermo por falta de renovación de energía?

—De su energía. Sí. Literalmente tienes un bloqueo en esa zona... Los chinos llevan cinco mil años diciendo esto mismo.

La conversación me estaba dejando anonadada. Jamás pensé que mi cuerpo pudiera enfermar por algo tan metafísico como lo que esta dama de la sabiduría me estaba explicando.

—Celia, me desespera este dolor a diario...

—Me lo puedo imaginar.

—La pregunta es obvia entonces, ¿se puede restablecer ese flujo de energía en mi pie?

Celia solo sonrió. Parecía que llevaba toda la conversación esperando a que yo llegase a ese punto. Por un momento empecé a enloquecer y a pensar que esa mujer no era real. Me podía el nerviosismo y la ansiedad de imaginar que existía una solución para curar mi pie por muy extravagante que pareciera. Estaba dispuesta a probar cualquier cosa.

—Claro que se puede —dijo, segura de sí misma.

—¿Cómo...? —Mi corazón empezó a latir de esperanza.

—Mira, te voy a recomendar que visites a un viejo amigo mío. Se llama Hiraku Ken, es mi maestro y puede que te ayude, si le dejas.

—¿Y por qué no le iba a dejar? ¿No será el líder de alguna secta chunga de esas...? —el comentario se me escapó por la boca tal y como vino a mi mente.

—Qué va. Es un viejo sabio que puedes encontrar en el centro de Madrid. No tengas tanto miedo, mujer. No hay peor secta que una mente cerrada —dijo con cierta ironía.

—¿Y qué tengo que hacer?

—Toma. —Me dio una tarjeta de papel verde con un árbol dibujado en el centro. Parecía uno de esos árboles llorones cuya copa recuerda al pelo de Tina Turner cuando era más joven—. Llama a este número, su gente te dirá cómo acceder a él.

—Gracias. Espero que...

—No esperes nada. Tú confía en el maestro Ken. Él te explicará lo que tienes que saber y te anticipo que vas a tener que trabajar. Del cielo solo cae agua...

—Lo sé. Gracias. Ha sido un placer. Espero verte más por aquí. Si me dejas te contaré cómo me va.

—Seguro que nos volvemos a ver. Ahora me tengo que ir. Mis hijas van a empezar a preocuparse. Y creo que tu familia también.

Me dio dos besos y se despidió dejándome con la tarjeta de contacto, la duda y la cabeza como un bombo otra vez.

Abriendo mi mente

He sido una miedosa crónica. Qué le vamos a hacer. Todos tenemos nuestra cruz y la mía siempre ha sido el miedo a tomar decisiones o lanzarme a abismos desconocidos, por lo tanto, ni se le ocurra pensar, querido lector, que llamé a aquel número secreto de inmediato. Tras mi conversación con Celia, tiré la tarjeta al fondo de un cajón por puro miedo. Miedo a encontrarme con un grupo de tarados vestidos con túnicas que quisieran lavarme el cerebro a cambio de poner mi casa a su nombre prometiéndome la salvación eterna. Aunque esto último, lo de poner mi casa a su nombre, lo habría hecho con gusto porque de mi casa colgaba una hipoteca hermosa a la que restaban bastantes años de cuotas y que me aseguraba un matrimonio duradero con el banco del que el ex marido de Celia era altísimo ejecutivo mega-super-importante.

Desde mi encuentro con ella, no hacía más que dar vueltas a la conversación que habíamos tenido. Me costaba digerirla. La revivía una y otra vez intentando encajar los conceptos que había compartido conmigo de forma tan generosa:

La Fuente... A Ella nos une nuestro campo energético al que llamamos aura y el aura se divide en muchos niveles de vibraciones bien diferentes y, en el más bajo, en el cercano a la tierra, se hace densa formando el cuerpo, que no es más que un traje que usamos momentáneamente para venir aquí a experimentar... ¿esta porquería de vida?

Se acabaron los pensamientos profundos en un segundo porque, en el fondo, todo me chirriaba. Me faltaba una pieza. ¿Cómo va a querer alma alguna vivir la experiencia de ser un humano? ¡Si somos un soberano aburrimiento de especie, todo el día peleándonos entre nosotros, compitiendo, criticándonos y muriéndonos de estrés! ¿Cómo iba a querer mi alma meterse en un cuerpo como el mío y ser anulada por pastillas de la felicidad cada día?

No lo entendía, aunque algo me decía por dentro que todo aquello era en realidad cierto... solo necesitaba entenderlo.

En fin, el cacao mental era importante, quizá estaba saturada. Además, no podía olvidar que Celia me había dado un tortazo espiritual literalmente donde más me dolía: en mi pie derecho. En la molestia que yo arrastraba a todas partes desde hacía tanto tiempo que ya ni recordaba cómo se vivía sin aquel dolor del demonio. Y eso me enganchó y fue mi llave para seguir entrando en el mundo de lo trascendente...

Unas semanas más tarde, en la mañana de un día cualquiera, cuando me preparaba para volver a mi apestoso y aburrido trabajo, me dispuse a calzarme unas viejas botas que ya tenía tan gastadas y amoldadas a la forma de mi pie que rezaba por que no se rompiesen nunca, pues eran las únicas que amortiguaban un poco la presión que todo calzado ejerce. Vamos, que eran las que menos dolor me producían, teniendo en cuenta que todos los zapatos del universo eran una pesadilla para mí. Al hacer el esfuerzo de introducir mi pie en la bota sentí que no sentía nada en él. Qué paradoja, sentí que no sentía. Aunque no se me ocurre mejor manera de expresarlo. Usted podrá pensar que tuve alivio por primera vez porque tampoco había dolor, pero lo cierto es que me aterroricé por un momento porque, literalmente, parecía que mi pie se había muerto. Lo podía mover, sí, pero notaba que mi pierna terminaba en una especie de ladrillo de corcho que me impedía identificar el contacto con el suelo de mi casa. No pude ni tan siquiera calzarme. Mi pie se había hinchado durante la noche y por la mañana era una masa de cartón mojado que me estaba llevando hacia mi límite.

El día empezó mal. Ya no iba a poder ir al trabajo porque tampoco podía conducir, así que llamé a mis jefes, les dije que me quedaba a trabajar en casa y, acto seguido, tomé la decisión de buscar la tarjeta de Celia y aferrarme a la única esperanza que tenía de volver a pisar el suelo con firmeza: llamar al maestro misterioso que tenía el mismo nombre que el novio de una Barbie y pedirle su ayuda.

Por primera vez en la vida comprendí que la desesperación puede llevar a las personas a entregarse a cualquiera. Vinieron a mi mente todos esos casos de personas que, ante enfermedades graves, se dejan seducir por curanderos y terminan no solo más enfermos sino arruinados.

Como mi mente es una peliculera dramática profesional hizo ni más ni menos ese mismo trabajo: asustarme y lanzarme señales de que me estaba metiendo en un lío. Más tarde comprendería que al hacer esa llamada misteriosa yo estaba empujando a mi mente a salir de su zona segura, su zona de confort, y a abrirse a nuevas posibilidades, y ella, mi maldita mente, como buena guardaespaldas de mi cuerpo, se negaba a que tomara ese riesgo.

Pero lo tomé. La mandé a freír monas y llamé al teléfono de la tarjeta de Celia.

Sonaron dos tonos...

—Centro Árbol de la Vida, ¿dígame? —contestó una voz femenina al otro lado del aparato.

—Hola... Sí, mire, me han dado este número para que pueda conocer al maestro Ken, me duele mucho un pie y...

—¿Quiere venir a sus cursos? —me interrumpió.

—¿Cursos de... qué? No, no, una amiga me ha sugerido que podría ayudarme con una lesión que tengo hace tiempo —antes de que me interrumpiera de nuevo me callé.

—Claro, señora, pero para eso tiene que venir a las clases. El trabajo no lo va a hacer el maestro. Lo va a hacer usted. —Noté su risita aun sin verle la cara.

—¿Clases...? Pensaba que sería una terapia.

—Y lo es, pero el maestro ya no trata a nadie en persona. Ahora solo imparte las enseñanzas de la técnica a todo el que la quiera aprender. Tenemos un curso este mismo sábado. ¿Se apunta? —Sonaba tan feliz que podía imaginar su cara sonrosada y su olor a incienso a través del teléfono.

—¿Este sábado? Esto... no sé si...

—Queda una plaza. Usted verá —me volvió a interrumpir.

—Vale, pues sí, sí, sí... Apúnteme —le contesté sintiendo el latido de mi corazón en la garganta.

Le di mis datos y se despidió de mí diciendo «namasté», palabra que empezaría a escuchar en todas partes desde entonces. En el mundo espiritual, namasté es a las palabras lo que el incienso a los aromas. Otro adorno del club al que empezaba a tener cariño.

—Nos vemos el sábado, ¡namasté! —dijo mi interlocutora a modo de despedida y cierre de nuestra conversación.

—¿Eh? Sí, vale, na-mas-te... Hasta luego —le dije al colgar sin saber si la palabrita en cuestión era aguda, llana o esdrújula.

Decidí comunicar a mi marido que no contara conmigo ese fin de semana. Le di una explicación que solo era verdad a medias. Me inventé, como los adolescentes que se esconden para fumar, que iba con una amiga a un curso para combatir el estrés. Nada de maestros. Ni de arbolitos de la vida con pelo de Tina Turner. Tragó con la historia como buen marido discreto.

El sábado llegó y me desperté entusiasmada por la aventura del día. Cuando llegó el momento, me despedí de mi marido e hijo y me fui al lugar que me habían indicado. Mientras me dirigía a mi destino, imaginé cómo iba a ser mi día de mil maneras posibles. Ninguna de ellas se pareció ni por asomo a la realidad.

Encontré la puerta del centro con facilidad. Decepción número uno, claro está, porque en mi cabeza loca e imparablemente creativa había imaginado que el centro en cuestión tenía que ser un lugar de difícil acceso, con una persona de incógnito en la puerta que me pediría una contraseña de entrada —que seguro que era «namasté»— y donde solo podían acceder personas recomendadas, tal y como era yo recomendada por Celia, mi dama del misterio particular.

Pero no, la puerta del centro estaba en plena calle. Y tenía un cartel enorme que ponía «Centro de salud natural Árbol de la Vida», a vista de cualquiera que pasase por delante.

—Al menos espero que huela a incienso... —pensé medio en serio, medio en broma.

Entré.

El centro era, he de decirlo, bastante poco agraciado por dentro. No tenía mucho que ver la sensación que producía el moderno cartel de la puerta con la cruda realidad. Antes de empujar el pomo, y mirando al precioso y moderno letrero con el arbolito llorón color verde en el medio, yo ya había imaginado que detrás de la puerta había un centro de salud blanco con salas de espera, pósteres de plantas relajantes con sus nombres en latín, consultas médicas y médicos naturistas sonrientes en cada una de ellas. Pero lo cierto es que me encontré con algo muy distinto.

Todo el suelo del lugar era de moqueta. Y debe ser por esa razón que todo el que me llegué a cruzar por allí caminaba descalzo como si estuviera en su propia casa. Me resultó extraño. Jamás me he descalzado yo en casa de nadie. Reconozco que es una sensación que por aquel entonces me resultaba más bien desagradable.

Había poca luz, aunque suficiente para ver la estancia al completo. Al fondo del recibidor me percaté de un mostrador que, por eliminación, debía ser el mostrador de recepción. Estaba hecho de madera viejísima y lleno a rebosar de papeles... y, cómo no, sobre él había un incensario con un palo de incienso de lavanda ardiendo y expulsando un humo denso y un aroma en toda la sala que pensé que se me iba a quedar impregnado en la ropa para siempre.

Detrás del mostrador había una mujer pequeña, muy delgada, como de mi edad, descalza y con el pelo negro más liso que yo haya visto jamás. En contraste con la vejez de los muebles y la moqueta llevaba un pinganillo inalámbrico colgando de su oreja, y en un alarde mío de inteligencia suprema, deduje que ella debía ser la mujer que me atendió por teléfono.

Me acerqué a ella.

—Hola. Vengo al curso del maestro Ken.

—Hola ¿te llamas...? —me preguntó por pura rutina.

—Susana.

—Ah, sí, he hablado contigo hace dos días, ¿verdad? —me interrumpió para variar.

—Sí. Al final me he decidido... —me callé rápido para no darle más oportunidades de interrumpirme.

—Muy bien. Bienvenida. ¿Ves esas escaleras del fondo? Bájalas, es muy fácil encontrar el aula donde vas a pasar los tres días que incluye el curso. Cuando vengas el resto de días puedes entrar directamente. Por cierto, comienza en diez minutos. Tienes baños y agua abajo. Que se te dé bien. —Me sonrió y dio por finiquitada nuestra conversación.

—¡Tres días! ¿Cómo? Ah, no, no puede ser, yo pensaba que solo tenía que estar hoy aquí, no puedo estar los próximos tres días ocupada con esto, tengo un trabajo, un hijo...

—¿He dicho tres días seguidos? —me interrumpió de nuevo y me dejó sin respuesta.

—Pues no, no lo has dicho, no —le contesté, muerta de la vergüenza.

—Pues relájese, Susana. Anticipa usted mucho, ¿no cree? —me trató de usted y me sonrió con una calma ante la que no pude más que cerrar el pico y asentir, porque tenía razón. Anticipaba todo lo que me iba a ocurrir como si además siempre fuera malo para mí. Y me dio mucha rabia que la recepcionista del centro me calara tan pronto.

—¿Me explica lo de los tres días, por favor? —la traté de usted yo también ante su repentino cambio de tratamiento hacia mi persona.

—¡Claro! Tienes que venir tres sábados para completar El Camino. Aunque como persona libre que eres, tú decides cada día si vienes al siguiente. No te vamos a pedir explicaciones. Dependerá de ti y de tus ganas de seguir explorando —otra vez me tuteaba tan tranquila...

—¿Explorando...? —por un momento, casi inicio un diálogo con ella intentando saber más, pero rápidamente supuse que me iba a interrumpir y a darme su respuesta programada y me callé de nuevo.

—Sí, explorando. —Sonrió—. Te lo vas a pasar muy bien. Eso te lo garantizamos.

—Vale... Pero, yo vengo porque tengo una lesión en un pie... —empezaba a enfadarme por el desconcierto que me producía esta mujer menuda—... y una amiga me ha recomendado este sito. No veo razón para pasármelo bien. Me duele mucho...

—Ahá... —me contestó, dándome señales de que no pensaba hacer esfuerzo alguno en desarrollar una respuesta que me convenciera.

—Muy bien. Por esas escaleras dice, ¿verdad? —Señalé el pasillo del fondo.

—Sí. Bienvenida. Estaremos aquí para ayudarla en todo lo que necesite.

Estuve tentada de preguntarle por qué me tuteaba y me trataba de usted a la par... pero no lo hice. Me fui de su mostrador con aroma de lavanda hacia las escaleras del fondo que se veían desde allí mismo. Y bajé. Coja y cabreada, pero bajé.

El Camino

Al final de las escaleras me esperaba un espacio sin muebles, muy poco iluminado donde solo había dos puertas. En una de ellas se podía leer la palabra «servicios» así que, por descontado, no quedaba duda alguna de que la otra era la sala magna donde me sentaría entre el resto de alumnos a escuchar las lecciones de salud natural del maestro Ken. Empujé la puerta y pasé pensando en buscar rápidamente un asiento donde sentarme entre las filas del centro y poder pasar desapercibida, pero, de nuevo, no lo conseguí. No había sillas en esa clase. Solo un suelo de moqueta y algunos cojines desperdigados por encima. La sala estaba a media luz, para variar.

Por un momento dudé de si esperar sentada o de pie, ya que no tenía a nadie a quien imitar. La estancia estaba completamente vacía.

—¿No se supone que solo quedaba una plaza...? —pregunté en voz alta ante la sorpresa de que nadie más hiciera acto de presencia.

Nadie me contestó, claro está. Así que decidí sentarme en el primer cojín que detectaron mis ojos acordándome de Celia y de los últimos acontecimientos de mi vida. De repente, mi mente se angustió y formuló la pregunta que me había perseguido durante toda mi existencia sin darme cuenta: «Por Dios, pero ¿qué hago yo aquí?».

No sé cuánto tiempo pasó, cuando de pronto empecé a escuchar pasos que venían de la escalera que estaba fuera de la sala. Deseé que fuera el maestro Ken que venía a decirme que, ante la ausencia de alumnos, el curso estaba cancelado y pospuesto para mejor fecha. Pero no, una vez más no sucedió lo que mi mente dibujaba en mi cabeza loca.

La puerta se abrió, me latió el corazón como el bombo de la batería de una banda de rock duro, y dos mujeres más la cruzaron con la misma cara de estupor que yo misma había puesto hacía pocos minutos. Gracias a Dios parecían dos mujeres normales. Una era alta, delgadísima, con el pelo negro corto y con atuendo deportivo que sugería un aire informal, y la otra igual de alta, con el pelo negro largo cortado muy recto y ropa de lo más tradicional.

—Hola... —dijo la de pelo corto.

—Hola... ¿Venís al curso? —dije yo, ansiosa por confirmar que ellas también eran alumnas y que no iba a estar sola ante no sé qué maestro que empezaba a caerme mal aun sin conocerle.

—Sí, somos Sandra y Ana. ¿Cómo te llamas tú? —parecía que la mujer de pelo corto, Sandra, lideraba la conversación de las dos por alguna razón.

—Susana... —contesté casi sin ganas porque, hasta el momento, ese era el único dato de mí misma que no había cambiado.

—¿Y vienes sola? —me dijo Ana, la mujer de pelo más largo y aspecto de señora que hace deporte con zapatos.

—Pues sí, vengo sola. De hecho, no sé muy bien qué hago aquí... Me lo ha recomendado una amiga —contesté con cierto arrepentimiento y señas de estar más perdida que una monja en un sex shop.

—Ah, qué bien. Todo el mundo venimos por recomendación —dejó caer Sandra, liderando la conversación de nuevo.

—¿Ah, sí? —dije yo.

—Sí, de hecho, si buscas este centro por internet no creo que lo encuentres. Este lugar solo admite nuevos alumnos si conocen a alguien que ya haya realizado El Camino aquí.

—¿De veras? ¿Es un club privado o algo así? —dije esperando que la respuesta fuera afirmativa y al menos la experiencia que estaba viviendo tuviera un halo de *glamour* y secretismo.

—Pues no. Este es un lugar abierto al público si lo que buscas es tratar alguna dolencia en concreto. Los antiguos alumnos hacen terapia con personas que así lo desean en las consultas que habrás visto en la planta de arriba. Pero las enseñanzas y la técnica de El Camino solo pueden llegar a ti si alguien te las recomienda. Alguien que se supone que las ha realizado con éxito y que desea compartir bienestar con los demás —dijo Sandra, que parecía que conocía bien el lugar.

Yo no había visto ninguna consulta en la planta de arriba. Supongo que mi conversación con la recepcionista extraña me había anulado la atención hacia cualquier otro tipo de objeto que estuviera presente en aquel espacio.

—¿Y cómo sabes todo eso?

—Pues porque mi hermana ha hecho El Camino. Y ella me ha empujado a venir a sanar no sé qué... Está un poco loca, ¿sabes?, pero es otra persona desde que estudió con el maestro Ken. Hasta nos hablamos, que ya es decir —bromeó y puso media sonrisa que me tranquilizó.

—Perdóname, pero ¿qué es eso de El Camino? Ya lo he escuchado varias veces hoy —le pregunté directamente a Sandra.

—Ah, es el nombre que se le da a la técnica. Creo que hoy te vas a enterar bien.

—Yo tampoco sé muy bien qué hago aquí —dijo de repente Ana con cara de estar perdiendo el tiempo.

—¿Perdona? —contesté preguntando.

—Pues eso, que no te sientas tan sola, yo tampoco sé muy bien cómo he llegado hasta este sitio. Un compañero del trabajo me dijo que me vendría bien para mi hijo...

—Supongo que te ha dado en la clave maestra entonces. Cuando se trata de nuestros hijos probamos cualquier cosa... —quise solidarizarme con ella.

—Sí, pero no me creo nada. Llevamos años visitando médicos con él. No podemos ir a ningún sitio sin una bolsa llena de aerosoles —contó con cara de amargada.

—Entiendo... Bueno, pues a ver qué nos depara el día de hoy —dije como intentando hacer migas con ellas.

No me hizo falta forzarlo más. Éramos las únicas de la sala. Inevitablemente, algo ese día nos unió.

Sentada en aquel cojín usado, apoyé mi cabeza contra la pared esperando a que aquello, fuera lo que fuera, empezara.

Pasaron cinco minutos más desde que aparecieran mis compañeras de El Camino ese cuando, sin hacer mucho ruido, observamos que la puerta se abría. Un hombre mayor, que yo aventuré que tendría unos setenta y cinco años, entró lentamente en la sala. Tenía que ser el maestro de marras.

Con la cara seria y los ojos achinados nos miró a las tres con paciencia y después caminó hacia el fondo de la sala con tanta tranquilidad que me dieron ganas de decirle que no teníamos todo el día. Aunque lo cierto era que sí, lo teníamos, y lo habíamos reservado todo entero para él.

El hombre era mayor, sí, pero a pesar de tener un nombre que sonaba a japonés, no tenía los rasgos por completo orientales. Solo los ojos y una coleta de pelo canoso que llevaba amarrada en la nuca sin mucho cuidado. Su ropa era de lo más normal, he de decir. Nada de túnicas, sandalias, ni adornos espirituales ni incienso. Vestía un pantalón tejano oscuro y un jersey de color marrón clarito sin dibujo alguno. Podría pasar desapercibido de no ser por su coleta de caballo. Ni siquiera era extremadamente delgado, ni alto ni bajo. Un hombre en el aspecto y tamaño medio de cualquier hombre de su edad. Solo que su seña de identidad era su larga coleta.

Cuando llegó al otro extremo de la sala se arrodilló con lentitud encima de un cojín y, tomando un poco de aire, comenzó a hablar:

—Buenos días, señoras. Se ve que la sanación es cosa de mujeres. Casi no veo varones por aquí —dijo sonriendo para romper el hielo, pero hablando con voz profunda y lenta.

—Buenos días —dijimos las tres, casi al unísono.

—Lo que sea que ustedes hacen aquí es cosa suya. ¿De acuerdo? Solo les pido que abran su mente. No corren ningún peligro por ello —dijo hablando despacio como respondiendo a mi pobre corazón asombrado por la estampa que estaba viviendo—. Les voy a enseñar El Camino. ¿Quieren? Si no quieren están a tiempo de marcharse. Mi hija en recepción puede devolverles el dinero sin hacer ningún tipo de pregunta.

Se hizo el silencio.

Así que la muchacha que interrumpía todo intento de conversar con ella era su hija...

—Que si quieren... —insistió con voz lenta y calmada ante nuestro mutismo.

—Sí.

—Sí.

—Sí —dijimos las tres por turnos.

De repente, todo cambió dentro de mí y yo quería que me enseñara su Camino fuera este lo que fuera. El hombre me produjo una sensación de intriga tan potente que a veces pienso que me drogó el alma de alguna manera secreta y oculta porque, desde el momento en que empezó a articular sus palabras, ya no pude desviar la atención hacia ningún otro pensamiento.

—Llevo veinticinco años divulgando esta enseñanza. La aprendí en Japón durante un viaje visitando a mi padre —dijo muy despacio y a modo de introducción—. Entonces, yo vivía en España con mi mujer y mi hija y un día recibí una llamada de teléfono avisándome de que mi padre se moría. Tuve que volar a Japón con urgencia y, durante el viaje, en el avión sufrí una experiencia muy dura: fruto del estrés que padecía por llevar el estilo de vida que se lleva en este lado del mundo, mi corazón se paró. Tuve un infarto en pleno vuelo a falta de cinco horas para aterrizar.

»A un hilo de morirme, y rodeado de azafatas que no tenían ni idea de qué hacer conmigo, una señora mayor japonesa

107

se levantó de entre los pasajeros y se acercó a mí —relató, embobándome aún más de lo que estaba—. Me puso sus manos en el pecho y cerró los ojos mientras yo sentía que me mareaba aún más y que mi cuerpo ardía como una hoguera... —hizo un silencio dramático que me pareció eterno—. Aguanté con vida hasta que el avión aterrizó. Y cuando estábamos en tierra, una ambulancia me esperaba en la pista. La mujer me acompañó y habló con los médicos como si me conociera. Yo estaba consciente, pero no podía hablar, aunque pude escuchar a los médicos decir que mi corazón se había parado por completo más de quince minutos. Y que era inexplicable tenerme allí latiendo por poco que fuera.

»La mujer se desentendió de esa conversación y se acercó a mí para despedirse y desearme suerte. Al marcharse, dejó a propósito un librito entre mis cosas. Se titulaba *El Camino*. Y me hizo prometer que lo leería y que devolvería el favor que ella me había hecho al mundo. Por eso estoy aquí cada sábado con ustedes. Pagando el precio de haber vuelto a la vida y devolviendo al mundo lo que yo recibí.

Habló con un tono de voz uniforme, profundo y que generaba una expectación tal que de haber sido aquel sitio un auditorio repleto de gente, les habría podido mantener en silencio a todos embobados escuchándole.

—¿Tienen preguntas? —nos dijo directamente.

—Yo sí, ¿cómo debemos dirigirnos a usted? —pregunté sin venir a cuento y rompiendo la magia torpemente.

Me miró con cara de sorpresa...

—Ken está bien —dijo poniendo cara de «madre mía, lo que me va a tocar aguantar hoy»—. ¿Quieren saber algo más de mí antes de empezar?

—Sí. El Camino, ¿es el nombre de la técnica o del librito ese? —preguntó Sandra con cierto descaro—. Es que no sé si me queda claro el libro que la señora dejó en sus manos.

—Muy aguda tu observación, Sandra. El Camino solo era el nombre del libro, en efecto. No era el nombre de técnica alguna en absoluto. De hecho, el libro contenía enseñanzas útiles para que el ser humano se reponga y viva en equilibrio a modo de relato. No es un manual de instrucciones como los occidentales necesitáis continuamente. Hoy en día sería un libro, ¿cómo se llama? ¡Ah, sí, codificado! Algo así como un libro con enseñanzas secretas que en realidad están a la vista de cualquiera que las quiera ver —contestó el maestro.

—Gracias, pero ¿cómo sabe mi nombre? Yo no se lo he dicho... —preguntó Sandra con sorpresa y bravura, ignorando toda la respuesta del maestro acerca del librito en cuestión.

—Pues, hombre, sois tres alumnas hoy aquí... Mi hija me ha dado una lista: Susana es esa, la que cojea —dijo mirándome a los ojos y señalándome con la mano—. Sandra es la descarada, es decir, usted, y Ana entonces es la que falta por eliminación. Tampoco es precisamente difícil de deducir —dijo esbozando media sonrisa.

Sandra palideció por un momento. La hija del maestro la había etiquetado como «la descarada». Y era, sin duda, la descarada del grupo. Su manera de hablar la delataba. Y parecía que le había molestado ser descubierta tan pronto.

—Ken, ¿va a poder ayudarme a mejorar este dolor? —le pregunté, señalando a mi pie y aprovechando que él había mencionado mi cojera.

El maestro me miró fijamente. Unos segundos. Se notaba que no daba respuestas sin reflexionar, así que yo esperé con impaciencia a que me contestara.

—¿Cuánto te quieres, Susana?

—¿Per-dón? No entiendo la pregunta.

—Claro que no... Salta a la vista —y no dijo nada más.

¿Salta a la vista? Me quedé tan sorprendida por su contestación que seguro que se reflejó en mi cara. ¿Cómo que cuánto me quiero, oiga? Pues no sé... ¿Mucho? ¿Poco? ¿Quererme...? ¿Eso qué es? Si lo que el maestro pretendía era provocar preguntas dentro de mí, había funcionado. No me dio respuesta alguna. Y en ese momento sentí que moría de rabia por dentro. Me entraron ganas de decirle que dejar a una persona sin respuesta es de mala educación en esta parte del planeta. Pero me callé. Me aguanté las ganas de bufar y reclamar mi porción de atención.

—No te enfades. Ya irás entendiendo que lo que más te va a ayudar en la vida son las preguntas, Susana. No mis respuestas —dijo como leyéndome la mente—. Las preguntas te mantendrán toda la vida en El Camino, en tu búsqueda personal.

Yo estaba estupefacta. No solo me cabreaba, sino que además me lo notaba. Empecé a sospechar que para este hombre éramos almas al desnudo. Asentí a su comentario y no dije una palabra más. Estaba claro quién era el sabio y quién la pequeña saltamontes.

—Señoras, hoy es su primer día en El Camino. Abran sus ojos a lo que no han visto antes. El Camino es personal, ninguna persona lo vive igual que otra. Cada cual tiene su proceso. Yo les daré la llave, pero ustedes tienen que trabajar. Comprométanse consigo mismas. Con suerte, cuando terminen, jamás las volveré a ver por aquí. Así que aprovechen la ocasión —dijo como imitando a un padre de familia que da indicaciones sobre la vida a su hijo mayor.

—¿Y si El Camino lo necesitamos para alguien más? —dijo Ana, seguro que pensando en su hijo.

—No hay nadie más a quien sanar, Ana, más que a usted misma. No se apresure. Estoy seguro de que lo entenderá.

Ana tenía los ojos como platos. Estaba claro que las preguntas que estábamos formulando nacían desde la impaciencia, el desconocimiento y el estrés. Decidí pasar a modo relax y disfrutar de aquella inesperada situación que estaba sucediendo en mi vida.

Las preguntas siguieron:

—Ustedes, ¿tienen coche? —preguntó mirándonos a la cara y haciendo un silencio con el que interpreté que nos invitaba a responder.

—S... S... Sí —dijimos las tres a la vez con sorpresa.

—Y si a su coche le falta gasolina, ¿qué hacen?

—Pues ponerle más... obviamente —dijo Ana, la seria y formal.

—Muy bien. ¿Y si le falta aceite...?

—Oiga, mire, ¿esto es algún tipo de juego? —preguntó Sandra con su descaro característico.

—En efecto. Lo es. Son ustedes como niñas, por lo que puedo ver. O les traspaso la información como niñas que son o no se van a enterar de qué va la vida —dijo el maestro sin ningún tipo de reparo ni alteración en su expresión facial.

«¡Zas, Sandra! ¡Toma corte! Mejor te vas callando un poco...», pensé para mis adentros.

111

Sí, me sentía como una niña en su primer día de cole.

Ken prosiguió:

—Si ustedes tienen coche y al coche le falta gasolina, dicen que le ponen gasolina, ¿verdad? Eso es lo lógico y además se enteran de que falta gasolina porque un panel electrónico enorme les avisa de que, de no hacerlo, el coche las va a dejar tiradas en la M-30. Y ustedes no quieren pasar por eso... —nos dijo tan lentamente que parecía haber sido ralentizado a propósito.

—Pues no... —dije yo más en voz baja como uniéndome al halo de misterio con el que hablaba el maestro.

—Pues, Susana, dígame. ¿Por qué no hace usted lo mismo con su cuerpo? Usted puede fijarse en los sensores del cuerpo, observar lo que le falta y reponerlo.

—¿Cómo? —le pregunté intrigada—. ¿Y qué sugiere que le ponga? ¿Medicinas?

—No. Medicinas, no. Está muy bien que las use, créame. No soy un renegado de la medicina de esta parte del mundo. Pero, desde luego, esa ha de ser la última opción. Antes de que aparezcan los síntomas en su cuerpo, este le ha enviado infinitas señales de que le falta gasolina, pero o las ha ignorado o no les ha hecho mucho caso. ¿Qué sentía usted cuando se percató por primera vez de su dolor en el pie? ¿Lo recuerda?

—¿Que qué sentía? No sabría cómo resumirlo. Sentía agotamiento vital generalizado y pocas ganas de vivir. ¿Esa es una buena respuesta?

—Si lo es para usted... —me dijo de nuevo con esa cara de «tú-sabrás-bonita».

De repente, observé que me escaneaba con la mirada. Clavó sus ojos sobre mí y me di cuenta de cómo me repasaba de la cabeza a los pies con los ojos como vacíos. Tardó varios segundos. Me sentí tan violenta que pensé por un segundo que de uno de sus costados iba a salir un informe impreso acerca de mi estado de salud, como si de una resonancia magnética se tratara.

—Va a acabar con ese dolor. Créame. Pero le toca entender a qué me refiero cuando digo gasolina y aprender a reponerla —me dijo tan tranquilo como quien sabe que mañana va a llover—. Ustedes son muchas cosas a la vez —prosiguió—. Están hechas de cuerpo y energía. El cuerpo es el coche y su energía vital es la gasolina.

Me acordé de Celia y de su explicación de la Fuente, los chakras y los bloqueos.

—¿Y hay gasolineras de energía? —preguntó Sandra con su ya habitual sarcasmo.

—Sí. Las hay. Pero ustedes tienen que reabrirse. Dejarle paso. En eso consiste El Camino. En volver al fluir normal de la esencia de vida. La que quiere ser vivida y no estancada dentro de sus cuerpos. Todas las cosas en el cosmos tienen energía. De hecho, son energía sin más. Condensada, a veces en sólidos, a veces en líquidos, a veces en fluidos... y también en estado puro. En ondas que están por todas partes.

—¿Como las del móvil? —dijo Ana con timidez, esperando algún tipo de respuesta cortante por parte del maestro.

—Sí, Ana. Como las del móvil. El móvil las capta y las convierte en sonido o texto para que puedas comunicarte. Es un buen ejemplo.

—Ya, pero el móvil tiene una antena... —intentó razonar Ana de nuevo.

—Y tú también. Tu cabeza es tu antena y tu cuerpo el aparato transformador de esas ondas.

El maestro nos explicó con detalle lo que yo ya había escuchado a Celia unos días antes. Que somos un depósito de energía viviente que se aloja en nuestro cuerpo. Y que ese depósito tiene que renovarse continuamente o se estancará provocando bloqueos y, con ello, encendiendo los sensores de que nos falta gasolina. En este lado del mundo a esos sensores encendidos los llamamos síntomas e identificamos esos síntomas con una etiqueta. Esa etiqueta es el nombre de nuestra enfermedad. Sea esta la que sea.

—Ustedes no conocen su potencial como seres humanos. Por eso no dejan de enfermar de dolencias y amargura.

Necesité replicar su comentario:

—Ya, ¿y usted sí que lo conoce?

—Muy pocas personas en la historia de la humanidad han desplegado el potencial humano en su totalidad, Susana. Buda fue uno de ellos, tras lo cual quedó catalogado como el Iluminado. Uno de los pocos seres despiertos de los que tenemos constancia. Por supuesto que yo no he alcanzado mi máximo potencial. Voy a necesitar varias vidas para ello. Aunque estoy orgulloso de mis progresos —me dijo con total seriedad.

—Pero no entiendo. Nos habla de energía, de cuerpo, de potencial, de energía estancada, de síntomas... Supongamos que le creo... ¿Por qué entonces parece que saboteamos nuestra capacidad de alcanzar ese máximo potencial? ¿Es para... elegidos? —pregunté metiéndome en el ajo.

114

—Déjeme corregirla, Susana. Usted nació plena de ese potencial. El de sanarse a usted misma, restablecer su energía y poder vivir en armonía y en paz, además de otros dones que irá descubriendo. Es la vida que ha llevado la que ha reducido su potencial a la versión de usted misma que ve cada mañana en el espejo.

—¿Hemos ido a menos entonces? —pregunté intentando de verdad entender lo que me decía.

—Sí. A menos. Eso es. A un niño no tenemos que decirle que crea en su potencial. Ya cree. Y no entiende ese potencial como un accesorio ajeno a sí mismo. Él es su potencial. Y lo ejercita hasta que un adulto le dice a gritos que se va a caer como siga columpiándose con fuerza. Y entonces el niño comienza a creer que se puede hacer daño. Comienza a dejarse programar y a comportarse como lo que dicen los adultos. A tener miedo.

—¿Y por eso enfermamos? ¿Porque nos han programado? —quise atar cabos al vuelo.

—No exactamente. Enfermamos porque nos alejamos de la Fuente. De nuestro molde original —sentenció sin darme más coba.

La Fuente... Celia me había hablado de ella y ahora el maestro Ken me decía a las claras que el origen de mis enfermedades y dolencias era separarme de la Fuente. Quería entenderlo, pero no lo conseguía y en mi cabeza empezó a resonar la canción *Citizen of the planet*, de Alanis Morissette, justo por la parte en la que ella canta una curiosa frase que decía lo mismo que mi maestro:

I am a citizen of the planet

my laws are all of attraction
my punishments are consequences
separating from Source: the Original Sin.

(Soy una ciudadana del planeta
mis leyes son las de atracción
mis pecados son consecuencia
de la separación de la Fuente: el Pecado original.)

—Ken... ¿Qué es el molde original? —Ana me sacó de mi canción lanzando esa pregunta al maestro de ojos achinados—. Antes lo ha mencionado. Enfermamos porque nos alejamos de la Fuente. De nuestro molde original.

—Buena observación, Ana. Es un punto importante. Significa que toda enfermedad no es sino un alejamiento de lo que hemos venido a hacer a esta vida, pero no tenga prisa por entenderlo. Es mejor que vayamos paso a paso, hoy aún le queda recibir su primera apertura.

—¿Mi primera apertura?

—Sí. Tengo que hacer un pequeño trabajo sobre ustedes hoy. Lo llamo la apertura. Se trata de devolver a sus cuerpos la función de succionar energía pura de la Fuente. La energía Madre del Cosmos. Sandra hoy lo ha llamado la gasolinera... si no recuerdo mal.

Sentí miedo. ¿Qué era eso de la apertura? De repente, no estaba dispuesta a que ese hombre me hiciera nada para abrirme a lo que fuera que tuviera pensado. Me daba pánico dejarme invadir. Mi mente imaginó toda clase de rituales satánicos, sacrificios de animales y oraciones cantadas, con nosotras en el centro vistiendo túnicas blancas mientras las tres nos colocábamos en

116

el borde de un círculo que en su interior contenía una estrella de cinco puntas. Definitivamente, no me apetecía nada pasar por aquella apertura. Pero me callé. Era tal el miedo que mi mente pretendía dispararme que por primera vez en mi vida le dije interiormente:

—Mente, cállate. Me amargas la existencia...

Noté a la perfección que había dos seres dentro de mí. Mi odiosa mente, la que no paraba de jugar conmigo a meterme miedo, y otra, fuera lo que fuera, que la escuchaba. La que se enteraba de la mente estaba hablando. Noté la separación con claridad. La doble presencia eterna-interna. La loca que se muere de miedo dando gritos en mi interior, y mi YO eterno y paciente que no paraba de escucharla y de desear que se callara. Yo no soy mi mente, entonces... tuve un destello de lucidez otra vez. No soy mi mente, mi mente me sabotea. Nunca la he domado. Esto tiene que parar...

Pensé que lo mío era de locos. Que aquellos razonamientos internos me iban a llevar tarde o temprano a terminar mis días en una clínica para tarados a las afueras de Madrid, recluida y sola mirando al horizonte con un gato en mi regazo y guantes cortados por la mitad de los dedos.

—Siéntense en posición de loto —ordenó Hiraku Ken en un tono de voz que ni en broma invitaba a replicar su mandato.

La posición de loto no es más que sentarse en el suelo con las piernas cruzadas y las manos sobre la pantorrilla, lo aprendí con mis amigos los monjes budistas.

Sin rechistar, lo hicimos las tres.

—Les voy a hacer la apertura. Cierren los ojos. Relájense, nada les va a pasar. Se lo garantizo.

El maestro entonces se acercó a un viejo aparato que estaba en el fondo de la sala. Un aparato de música que debía tener treinta años y sostenía un vinilo incrustado que como por arte de magia funcionó a la perfección, emitiendo ese siseo característico de los vinilos que se produce cuando la aguja entra en contacto con el disco y las motas de polvo que se encuentran en él.

Empezó a sonar una música. Al principio solo unas campanas lejanas y después un soniquete extraño, una armonía hecha como de varias voces sobre la que destacaba la voz de un varón por encima de las demás emitiendo una melodía rarísima, lenta, como una oración profunda cantada, por cierto, en un idioma que jamás antes había oído. Sonaba como a monjes encerrados en una cueva, recitando poesías en trance mientras miran a una vela... No se me ocurre descripción mejor.

Con los ojos cerrados, escuché que el maestro se movía por la sala. Notaba sus pasos, cuando se acercaba y cuando se alejaba. De vez en cuando, le escuchaba soplar con fuerza. Como quien hincha un globo hasta ponerse morado. Me estaba asustando mucho, pero la vergüenza de levantarme y salir corriendo de allí era infinitamente superior a mi miedo. Tenía que aguantar lo que me hiciera. Como fuera.

Sentí taquicardia. Claramente producto del miedo que me producía esa situación tan extraña. Y recordé que este miedo ya lo conocía. No era nuevo. Lo había sentido en el templo budista la primera vez que fui y no sabía a lo que me exponía, y también el día de mi primera confesión. Era el mismo miedo, el miedo a lo nuevo, a lo desconocido y a lo espiritual. Miedo en estado puro y potencia alta que me tenía paralizada y sentada en posición de loto como tantas veces en mi vida. Miedo a lo profundo.

A abrirme a mí misma. A descubrir mi potencial. A creer. A sentir algo más. Miedo a desplegar mis alas, miedo a mi vida...

Quise llorar. Llorar del sabotaje que me estaba haciendo a mí misma. Llorar de tanto miedo a conocerme mejor como si me hubieran programado para ignorarme desde siempre. Llorar por no haber querido jamás creer en nada y porque la vida me estaba empujando a situaciones tan extrañas que sentía que ya no tenía remedio. Noté, de nuevo, que El Camino, aquel camino mío, fuera lo que fuera ya no tenía vuelta atrás.

Entonces empecé a escuchar a Ana, la mujer seria y renegada, toser. Tosió un poco y luego más y más hasta que su tos me distrajo de mis pensamientos sobre mí misma y mis miserias. No paraba de toser. Dudé de si abrir los ojos, pero no lo hice porque no me atreví a saltarme las normas de mi maestro así a la ligera. La tos iba en aumento y, de pronto, escuché con claridad que su tos se transformaba en una incapacidad para respirar... Ana empezó a emitir un sonido que provenía de su enorme esfuerzo por introducir aire en sus pulmones. Parecía una asmática en pleno ataque.

Que alguien la ayude, por favor...

¿Qué hago?

¡Se va a ahogar!

Estaba empezando a cabrearme con aquella situación de emergencia como nunca. Decidí abrir los ojos, intervenir y gritarle al maestro Ken que era un sinvergüenza con pintas y que no podía dejar a una mujer ahogarse en su sala por mucho que el librito de *El Camino* le hubiera revelado la fórmula de la Coca-Cola. Sí, definitivamente iba a armarme de valor y mover mis párpados para ayudar a Ana en su crisis... Este tío me va a escuchar...

Pero no me escuchó, claro está. De repente, se hizo de nuevo el silencio. Apretando mis ojos, intentando permanecer obediente ante mi maestro, pero con toda mi ira arremolinada en el borde de la garganta, escuché cómo Ana se empezaba a calmar. Cómo volvía a su respiración normal y cómo un susurro de hombre le decía algo en voz muy baja. Era Ken. Eso seguro. Pero no pude entender qué le decía a la pobre Ana que, en mi mente y solo en mi mente, había estado a punto de ahogarse sentada como una niña pequeña a mi lado.

Mi corazón empezó a reducir la velocidad de sus latidos. Necesitaba calmarme. Lo único que estaba obteniendo de aquella situación era conocer que mi miedo era inmenso. Infinito. Que se disparaba con la misma facilidad con que podía tragar mi propia saliva... Deseé que esa maldita apertura terminase pronto. Necesitaba abrir mis ojos, volver a ver, volver a sentir el suelo debajo de mis pies, acabar con todo este teatro y marcharme de allí. Fue entonces cuando Ken se me acercó por la espalda sacándome de mis deseos de huida. Sentí su presencia en cuanto se agachó justo por detrás de mí. Era mi turno. Sin más, apoyó sus dos manos sobre mi cabeza. En el centro de mi corona. Sentí que sus manos ardían como si fueran placas de vitrocerámica portátiles. Casi me quemaba. Sin embargo, era una sensación curiosamente agradable. El calor que desprendían las manos de Ken empezó como a descender por el centro de mi cuerpo. Por la columna. Caía como gotas de lava entre mis huesos. No pude evitarlo y tuve que moverme, mover la base de mi espalda como para dejar paso a ese fuego interno que se estaba desatando. Maldito Camino. ¿Qué me estás haciendo? Sentí ganas de abrir los ojos y preguntar al maestro, pero no lo hice, algo me estaba paralizando y percibía cómo me anclaba con firmeza al suelo a la vez que me abría la corona, la cabeza.

Cuando terminó de lanzar fuego por mi cuerpo, Ken se desplazó y sentí cómo abandonaba mi espalda y se movía por mi lado izquierdo buscando una nueva posición. Se colocó delante de mí. Noté sus movimientos y su presencia porque su calor también se movió. Me cogió las dos manos y las llevó hacia su pecho. Las separó colocando mis palmas hacia el cielo y empezó a golpearlas. Despacio. Como taladrando algo que no era mi piel. Me golpeaba en el centro de las manos, con firmeza, pero sin mucha fuerza hasta que, de repente, sentí con toda claridad que de la palma de mis manos salía aire. Un soplo de aire. Desde mis manos hacia afuera. Un aire que parecía que venía desde los adentros de mi cuerpo. Aire, sí, en movimiento. Una ráfaga que se hizo paso como descorchando una botella... Me devolvió mis manos nuevas que ahora ardían. Ardían como yesca.

Tras unos segundos de silencio, sentí como Ken agarraba mis pies ejerciendo con sus dedos una especie de pinza sobre mis empeines cruzados en loto. «No, por favor...», pensé para mis adentros tan solo de imaginar que se atrevía a manipular mi pie dolorido. Sin embargo, no me dio mucho más tiempo a seguir pensando. Tras unos segundos agarrando mis dos pies, Ken liberó de aquel contacto a mi sano pie izquierdo y comenzó sin piedad a apretar a mi pie enfermo justo donde yo nunca le había dicho a este señor con coleta que me dolía.

Ojalá pudiera decirle, querido lector, que se hizo la magia y que Ken me curó de manera milagrosa en ese momento. «Lázaro, levántate y anda» no fue precisamente la estampa que estábamos representando en aquel centro de los misterios de Madrid. Lo cierto es que no pude evitarlo, y tras sentir que la presión que Ken ejercía sobre mi pie aumentaba, llegué a mi límite y grité. Grité y lloré de dolor. Sentí mi lesión negarse a ser tratada. Sentí que, además, sacaba toda su artillería para defenderse. Sentí los cristales cortándome la planta del pie una vez más... Me quería morir allí mismo. Me estaba desesperando y lo curioso, una vez más en mi vida, es que no hice ni el más mínimo amago de abrir mis ojos. Permanecí recta, obediente, como siempre. Aterrorizada pero obediente, con un miedo y un dolor que me anulaban por completo y me decían que ellos, mi miedo y mi dolor, iban a gobernarme toda la vida.

Mi cara estaba empapada por las lágrimas. Las sentía caer sobre mis piernas cruzadas en aquel suelo de moqueta vieja. No podía parar. Lloré y lloré sin consuelo hasta que escuché la voz de Ken susurrarme algo al oído:

—No tenga miedo de avanzar, Susana. No tenga miedo de ser quien ha venido a ser. Usted no le debe nada a nadie, solo está muerta de miedo.

Ken liberó mi pie de su odiosa pinza del mal. Sentí que el pie latía con fuerza. Sentí que tenía una bomba dentro que palpitaba como si estuviera respirando por sí solo y el dolor simplemente cesó por sí mismo en ese mismo instante. Y mis llantos con él.

—Hemos terminado —dijo Ken en voz alta y grave.

Yo abrí los ojos despacio. Me costaba despegar los párpados porque parecía que tenían un pegamento invisible que los mantenía unidos. Las lágrimas habían hecho su trabajo y mis ojos necesitaban volver a sentir aire fresco y recuperar su estado y su función naturales.

Miré a Ana, ella permanecía sentada en loto con la mirada clavada en el suelo como sintiendo el rubor de una niña a la que papá regaña por haberse metido en un charco con su vestido nuevo. Y miré a Sandra, la descarada de turno que no había emitido ruido alguno durante la apertura. Estaba anonadada. Nos miraba a Ana y a mí fijamente, con estupor.

—Pueden irse —dijo Ken sin vacilar.

Dimos la sesión por terminada y comenzamos a hacer uso del permiso de largarnos de allí que Ken nos había otorgado.

—¿Qué ha pasado? —preguntó Sandra sin salir de su asombro.

—¿A qué se refiere, Sandra?

—Que si ha ocurrido algo con ellas... Las ha hecho llorar, lo he escuchado claramente. ¡A mí no me ha hecho nada! No he sentido nada. Quiero entender... ¿me ha hecho la apertura? —preguntó Sandra con ansiedad y con cara como de sentirse recién estafada.

—Sandra, ni usted ni nadie pueden sentir nada que no tengan dentro —sentenció Ken poniéndose de pie e invitándonos a nosotras a hacer lo mismo—. Las veo en su próxima sesión, ahora salgan y hablen con mi hija en el mostrador de recepción para coordinar la visita. Recuerden que vendrán solo si quieren. Yo estaré aquí puntual, como suelo hacer.

Sandra no replicó sus palabras por primera vez desde que la había conocido. Nos despedimos y salimos de la sala sin saber muy bien qué había pasado o qué había cambiado en nuestras vidas después de la apertura enigmática aquella que nos había facilitado el señor de la coleta con ojos achinados. Yo busqué mis zapatos. Necesitaba, por extraño que parezca, sentirlos de nuevo oprimiendo mis pies, mientras Ana y Sandra me adelantaban y se dirigían con prisa hacia la escalera que las devolvería a la salida de aquel extraño lugar, por fin.

—Susana, no tema echar sus propias raíces —la voz de Ken sonó de pronto a mis espaldas y me sobresaltó mientras, agachada, intentaba atarme los zapatos. Le miré levantando la cara desde mi posición y me pareció que esa postura mía me dejaba demasiado postrada a sus pies, como reverenciándole, así que me elevé con rapidez para enderezar mi cuerpo y poder mirarle frente a frente como la valiente que había creído ser toda mi vida.

—¿Raíces? No le sigo. Por cierto, me ha hecho daño, me voy exactamente igual que he venido y...

—¿Y? Es usted quien ha venido a mí, Susana. Usted y su desarraigo. ¿Sabe qué? Le duelen sus raíces. Usted es su propio árbol de la vida, y yo de eso entiendo un poquito, este sitio se llama así, ¿recuerda? —me espetó levantando las dos manos y mirando a su alrededor como refiriéndose a su centro querido y enmoquetado de Madrid.

—¿Piensa ponerse tan misterioso cada vez que le pregunte algo? Algunas veces desearía entender todo esto a la primera, si le soy sincera...

Se rio. Y pareció, con franqueza, una buena persona cuando lo hizo.

—No entiende qué le pasa, Susana... Es usted una niña. Lista, sí, pero una niña. Una niña que sufre la ruptura con sus orígenes. Que no encuentra tierra fértil donde quedarse y formar un hogar seguro. Usted no sabe quién es, ni de dónde viene, ni mucho menos a dónde va, porque el árbol de la vida que usted representa no se fía de suelo alguno para hundir en él raíces propias —me dijo sin inmutarse, como diagnosticando una enfermedad en mi alma—. Le da miedo apalancarse porque le asusta lo que vivió en su casa de la infancia y lo revive aún en su mente. Cuando usted era solo una fruta que colgaba del árbol de su propia familia sintió que la echaban de allí y que la hacían madurar a destiempo, por eso sus propias raíces, hoy, tienen miedo a penetrar en la tierra. Sus pies están sufriendo porque no encuentran sustento y usted teme por su propia supervivencia. Le duele vivir sin papá y sin mamá. Sin su protección. Se siente sola, expuesta, frágil por ello. ¿Quiere que siga? Le aseguro que puedo encontrar muchas más maneras de contárselo, pero percibo en sus ojos que ya ha captado el mensaje —dijo sentenciando su aportación espontánea.

Me quedé callada, mirándole. Anonadada. De algún modo entendía lo que me quería decir. Mis pies me gritaban a puro dolor que buscara amor, mi sitio, mi independencia, mi propio clan. Que me liberara de viejas raíces y me encontrara a mí misma y a mi sustento en este planeta. Sentí pena de mí misma.

—Perdóneme, Ken, pero ¿cómo sabe todo eso de mí? —le pregunté directamente dudando de en qué momento le había yo contado a este señor mi vida.

—Me lo ha dicho usted.

—¿Yo? Si no he abierto la boca...

—¡Sus pies, Susana, sus pies! Hablamos por todo nuestro cuerpo. Los pies son el arraigo, el sustento, la unión con la tierra, la supervivencia, el clan y el equilibrio. No necesito saber ninguna anécdota sobre su vida. Cuando duelen los pies duele todo lo que le acabo de decir. Su cuerpo habla de lo que hay que sanar. No me importa en absoluto si ese dolor es un cúmulo de miedos o de experiencias de abandono o de malas relaciones con su familia y su clan. Eso queda para usted. Pero recuerde, el cuerpo habla y le enciende sensores, y por haberlos ignorado mucho tiempo ahora no solo le habla, sino que le grita que trabaje su chakra raíz.

Recordé cuando alguien me habló de mis chakras por primera vez. Fue con mi querida maestra la monja. La que me dijo que se había despertado mi chakra corazón gritándome que abriera los ojos a la vida, aquella noche de octubre. El momento en que sentí que yo era algo más y que un universo eterno me arropaba y estaba ahí esperando a que me diera cuenta. La noche que no pienso olvidar a cambio de nada. Y, en ese momento, gracias a Ken, también sabía que había otro punto más en mi cuerpo que estaba gritando que me quisiera a mí misma y que no temiera vivir ni ser quien soy. Dicen que hay siete chakras en nuestro cuerpo, ahora que me había enterado de que el de mi corazón y el de mi raíz estaban hablándome de esa manera, me dio miedo saber lo que opinaban de mí los otros cinco.

—¿Con cuántos hombres se ha sentido amada, Susana? —me preguntó sacándome de mi precioso recuerdo que ahora parecía lejano e infantil.

—No creo que eso le incumba a usted —respondí con el ceño fruncido, anonadada por esa pregunta tan directa.

—No es a mí a quien tiene que contestar, es a usted misma. Recuerde que no son las respuestas las que nos hacen vibrar, son las preguntas. A mí no me importa en absoluto sus episodios tórridos de amores escondidos. Pero, créame, cuando no encontramos sustento y no nos anclamos a la tierra no estamos en contacto con la única fuente de amor verdadero, que no es otro que el amor propio, y al sentir el vacío del amor propio lo buscamos desesperadamente en los demás. Cuando lo recibimos, además, no nos sabe a nada y generamos una sensación de culpa inmensa por unirnos a personas por las que no esperamos nada más que las expectativas de que llenen nuestro vacío, nuestro desarraigo.

Me miraba a los ojos mientras me decía aquellas palabras lapidarias. Cayeron sobre mí como una losa. Era tristemente cierto. Me sentí transparente a sus ojos achinados. Me traspasó el alma. Me miró por dentro descubriendo que yo siempre había sentido la necesidad de ocultar mi soledad al lado de alguien. Fuera quien fuera. Alguien que llenara mi vacío. Alguien a quien yo pudiera ceder la responsabilidad de mi felicidad y de pertenencia a algún club donde se me quería. La ilusión de ser miembro del equipo. De tener a donde regresar. De, eternamente, sentirme querida.

—Usted no puede saber todo eso por mis pies... —balbuceé entre sollozos, avergonzada de mí misma y bajando la mirada por el rubor que sentía recordando viejos episodios de mi vida que tenía enterrados. Episodios lejanos en que yo comenzaba relaciones que no sentía. Y las culminaba, como cualquier pareja, haciendo cosas que en absoluto deseaba. No quiero exponer detalles. Querido lector, deje su imaginación aquí volar con libertad.

—Claro que puedo saberlo.

—¿Acaso lo pone en su librito secreto? —le pregunté con dureza y sarcasmo desde mi herida del alma.

—Váyase a descansar, Susana. El próximo día aprenderá a utilizar su apertura. Por hoy ha tenido bastante.

—Ya veré si vuelvo, maestro Ken —le dije mirándole a los ojos, desafiándole como había hecho desde pequeña a cada persona que me había espetado verdades dolorosas en voz alta.

—Volverá, Susana. Y andando por sí misma. El dolor la va a empujar. La espero aquí. Hable con mi hija, ella le dará indicaciones de cuándo volver.

Se fue rumbo a las escaleras y desapareció ante mis ojos dejándome allí, en la puerta de la sala, como una tonta, de pie y abofeteada por dentro.

Aunque yo estaba paralizada por la conversación, no me quedó más remedio que echar a andar con mi cojera y salir de aquel sótano donde acababa de vivir un día de lo más irreal. Subí las escaleras y al final del pasillo vislumbré a la hija del maestro en su mostrador, mirando entretenida a la pantalla de su ordenador. Imaginé que estaba pasando el rato jugando al buscaminas y sentí el claro rechazo de acercarme a ella y cerrar mi próxima visita. No quería volver por nada del mundo a aquel centro de terapias de Madrid que ocultaba una sala vieja donde te hacían pedazos el alma y encima pagabas por ello. Ni en broma pensaba volver otras dos veces más a exponerme a ese tarado. Por primera vez en la vida preferí el dolor de mi pie a que alguien siguiera escarbando en mi cofre de las pesadillas.

—¡Susana! Qué alegría verla —me dijo la hija del maestro que interrumpe a la gente al hablar con cara de comercial de productos de belleza intentando seducirme para que le comprara una crema antiarrugas—. Ya pensaba que se quedaba usted a pasar la noche. —Sonrió.

—No, no, de hecho, iba a decirle que no cuenten conmigo el próximo día, no creo que esté preparada para...

—Nadie lo está —me dijo sonriendo e interrumpiendo mi turno de hablar una vez más.

Definitivamente, esta chica me ponía muy nerviosa.

—Ya, mira, nadie lo está, pero yo menos, ¿sabes? No quiero volver. —No le di opciones.

—Volverá. Todos vuelven. La próxima sesión es el sábado que viene. A las diez. Sin novedades. Venga usted directamente y baje a la sala —me dijo, ignorando por completo mi comentario de que no pensaba venir a su palacio enmoquetado.

—¿Me ha escuchado? No voy a venir —dije enfadándome de verdad y dejando que se me notara con todo mi descaro.

—Sí, Susana, la he escuchado. Haga lo que le dicte su corazón. No obstante, usted tiene su hueco aquí reservado y disponible para el próximo sábado, por si en estos momentos no distingue con claridad la voz de su corazón de la de su mente —me dijo con tono serio por primera vez desde que la había conocido, y sacando una barrita de incienso de una bolsa pequeña y violeta con adornos hindúes. La encendió con un mechero mientras me miraba y las dos guardábamos silencio. El incienso empezó a arder y a humear su aroma de lavanda. Pensé que, en cuanto llegara a mi casa, iba a tirar todo el que tenía guardado fruto de mi adicción por los símbolos de pertenencia al clan espiritual del que hoy salía tan malherida.

—Muy bien. Gracias. —Me fui con el ceño fruncido por la puerta principal hacia la calle. A respirar el aire contaminado de Madrid que, a mí, en ese momento, me supo a agua bendita. A buscar mi coche y a volver a casa, dándome cuenta, entre otras cosas, de que ni tan siquiera había bebido un vaso de agua o comido un triste bocado en todo el día.

Estaba muy dolida. El maestro había metido su dedo en mi llaga y me abrasaba. Me dolía viajar al pasado y verme tan patética y tan poco querida. Sentí un dolor en la boca del estómago y ganas de llorar de nuevo, pero no lo hice. Me tragué mis ganas convirtiendo aquella necesidad de limpiarme por dentro en rabia. Recuerdo cómo mientras conducía hacia mi casa, hacia donde me esperaban los míos, pensé todo el tiempo en mi marido. En el único hombre en la tierra del que yo jamás había dudado. De cómo cuando le vi la primera vez mi alma se encendió y se abrió de par en par destrozando mis viejas y poco sanas costumbres emocionales. De cómo quise ser amada por él incondicionalmente. Del miedo que tuve a no tenerle. De cómo sentí la certeza divina de que él era el bueno. El adecuado. El que me iba a querer por siempre. De cómo me miró sintiendo lo mismo. De cómo, desde el momento que nos vimos, empezamos a hacer todo lo posible por unir nuestras vidas con encuentros fortuitos. De cómo sentí que él iba a darme un clan. Un nuevo apellido. Una descendencia. Y de cómo, en efecto, se había cumplido ese plan entre nosotros como si estuviera escrito en otro de esos libritos secretos como *El Camino*.

Cuando llegué a mi casa, ese hombre bueno que me quería sin medida estaba en la cocina haciendo la cena.

—¿Cómo ha ido el día? —me preguntó sin saber muy bien a qué me había dedicado durante tantas horas.

—Bueno, ha sido extraño...

—¿Funciona?

—¿Cómo? No lo sé... esto... —No supe qué contestarle. Preferí no darle detalles porque ni yo misma los entendía, así que malamente iba a comprenderlos él que, además, no estaba en la onda del club del incienso.

—Era un curso antiestrés, ¿no? —me preguntó y entonces recordé la media verdad que le conté antes de marcharme para que no intentara averiguar demasiados detalles del centro misterioso que Celia me había recomendado.

—Ah, sí, eso, sí... Bueno, ya veremos si funciona. Ya sabes que el estrés es difícil de gobernar —le dije, mirándole sonriente con todo mi amor sincero—. ¿Cenamos?

—Venga, va, que he hecho tu comida preferida. Sándwich de jamón y queso. Ya sabes que soy un buen chef —me dijo sonriendo, a sabiendas de que entre sus cualidades jamás ha estado la cocina.

Y yo, querido lector, lo recuerdo como si hubiera ocurrido ayer mismo. Cené con él mirándole a la cara como si fuera la primera vez que le veía. Encajando algunas piezas. Sabiendo que hasta que le conocí jamás había sentido amor alguno por nadie y notando en mis venas el miedo que tenía de perderle, confirmando con ello lo que me había dicho Ken un rato antes. Miedo al perder el arraigo a que me echaran de mi clan una vez más en mi vida.

El velo

Los días posteriores a mi experiencia secreta soñaba con El Camino... ¿Qué era exactamente aquello que había vivido en aquel lugar extraño? Mi grado de aturdimiento alcanzó cotas tan altas que temía estar volviéndome loca de verdad. Tenía, a todas horas del día, una especie de velo en los ojos que me impedía ver con claridad, y no me refiero a un velo figurado, sino a uno real. No veía las cosas como antes las había visto, me molestaba la luz del día, mi casa me parecía extraña y, poco a poco, las personas que estaban en mi círculo diario cercano empezaron a parecerme desconocidos. Sin embargo, aquello tenía un lado positivo, cuando iba al trabajo cada día esa sensación de velo no me importaba lo más mínimo, allí, en el estercolero de mi despacho, me era muy útil para no sentir nada e ignorar a trocho y mocho a mis adorables compañeros de faena, aunque cuando me rodeaba de mi familia, amigos o camareros de los bares que frecuentaba por mi barrio, me molestaba muchísimo tener que verles así, vacíos, como marionetas de un teatro en el que yo estaba metida de lleno. Les veía distorsionados, como si, en lugar de estar en frente de mí, estuvieran a varios metros. Sus caras me parecían deformes y sentía que al mirarles todo parecía más bien una película de Hollywood que mi vida real.

Durante tres días seguidos tuve claro como el agua de un manantial que no tenía ni la más mínima intención de volver a ver a Ken y sus misterios extraídos de un librito secreto, sin embargo, el cuarto día desde aquella experiencia, y en medio de mi recién adquirida sensación de velo en los ojos, me levanté como cualquier otro día haciendo un gesto que, para usted, querido lector, pasaría como algo totalmente desapercibido en su vida: por la mañana, apoyé mis dos pies en el suelo fuera de mi cama con el fin de prepararme para afrontar un aburrido día más cuando, de repente, fuera de toda exageración emocional, al sentir el suelo duro debajo de mí, y por primera vez en más de dos años, mi pie derecho, mi martirio, no dolió. En absoluto. Nada.

Me quedé petrificada. Clavada en mi sitio. No me atrevía a moverme porque notaba cómo mis dos pies estaban fuertes y me sostenían con firmeza. Me palpitó el corazón y quise llorar de alivio, pero también de miedo, porque no pretendía alterar un ápice mi postura por no llevarme el desengaño de que aquel momento de ausencia de dolor fuera fruto de una casualidad. Tenía miedo de respirar con fuerza y provocar el más mínimo desvío de la posición de mi cuerpo. Quería disfrutar del momento. ¡Estaba de pie sin dolor! Sentí ganas de despertar a todo el barrio para que se enterasen.

—No puedo creerlo —dije en voz alta.

—¿Qué pasa? —me preguntó mi sorprendido marido, que estaba intentando levantarse desde el otro lado de la cama.

—Mis pies... no duelen. ¡No duelen! ¿Me oyes? ¡No duelen! —le espeté sin más explicaciones porque recuerde, querido lector, que nunca le conté la verdad de lo que había vivido en el Centro Árbol de la Vida, así que necesitaba adaptar mi emoción a la versión de los hechos que residía en la mente de mi compañero de cama.

—Bueno, mujer, me alegro mucho de que no te duelan, ya era hora, quizá estés descansando mejor desde que haces cursos antiestrés —supuso con mucha inocencia y cierto tono de ironía.

—Puede ser, sí... Voy a intentar andar.

—Ánimo... —me sonrió y se fue directo a la ducha sin más contemplaciones, cosa que me dejó a solas con mi nuevo reto de poner un pie delante del otro sin sentir cristales que lo cortaban sin piedad. Avancé, me atreví y me dispuse a dar pasos en dirección a la puerta, me armé de valor y saqué a mi preciado pie del tiesto de paz en el que se había plantado y, para el mayor de los gozos de mi cuerpo, tras dar solo un paso, pude comprobar que el dolor sin más ya no estaba allí.

A medida que iba dando pasos disminuía mi miedo y, curiosamente, en el momento en que mi miedo bajaba, volvía a sentir pequeñas punzadas de aviso entre los dedos de mi pie como si mi dolor me estuviera diciendo «sigo aquí, bonita, no creas que me has vencido», lo cual hacía que mi estado de alerta volviera a subir como queriendo que no lo abandonara. Sentía pequeñas alertas de dolor cada dos o tres pasos, lo cual era la señal de que tampoco se trataba de un inexplicable milagro, sino de que mi pie estaba empezando a recuperarse y que, por primera vez, había sentido un momento de paz grande, casi diría yo que un éxtasis físico de ausencia de malestar, que junto al nuevo velo de mis ojos me hacía sentir que flotaba.

Qué placer ducharme apoyando los dos pies. Qué placer conducir hasta la oficina pisando el acelerador de mi coche sin morderme los labios de dolor. Qué placer subir a mi estercolero andando por las escaleras y qué placer hablar por teléfono con mis clientes de pie, paseando por la estancia como se ve en las películas americanas de altos ejecutivos. Incluso mi despacho me pareció que no era tan feo cuando pude llegar hasta él esa mañana.

No se emocione mucho, querido lector, el placer y la euforia duraron solo ese día. Por la noche, cuando terminaba la jornada de paz que había tenido, y como un rayo abrasador, el dolor, en medio de mi intención de celebrar mi curación espontánea tumbada en el sofá mientras jugaba con mi hijo, simplemente volvió a mí sin avisar y con toda su fuerza. Lo entiendo, quizá usted esperaba, al igual que yo, que le contase que el milagro ocurrió y que un loco que me había hecho no sé qué apertura me sanó por siempre jamás convirtiéndome en la Juana de Arco de las curaciones misteriosas. Pero no fue así, lo mío no tuvo tanto *glamour*. La ausencia de dolor duró solo unas horas y luego volvió llenándome de una rabia de esas de las que corroen el interior como si te acabaras de beber un vaso de ácido sulfúrico.

—Me cago en tu puta madre... —le dije en voz alta a mi dolor—. ¡Me cago en tu puta madre mil veces! ¡No! ¡Vete! —grité con más enfado que pena. Mi cuerpo me estaba robando de nuevo la paz. La pizca de paz que había sentido. Siento las palabras, pero fueron las que empleé. ¿O acaso se le ocurre a usted una expresión más apropiada para ese momento? A mí ciertamente no, aunque teniendo en cuenta que cuando mi martirio regresó me encontraba jugando con mi hijo, quizá debería haberme contenido un poco por aquello de no decir palabras feas

135

delante de un canijo de tres años, pero lo siento, tampoco lo logré. Mi grado de imperfección humana es altísimo lamentablemente.

Mierda de dolor, mierda de velo, mierda de Ken, mierda de chakras y mierda de mí que me creo todo lo que me cuentan. Ese fue el pensamiento que se instaló en mi cabeza. Qué injusto sentir las mieles de la paz y qué injusto que duren tan poco. Necesitaba entender qué pasaba, por qué volvía el dolor a fastidiarme la vida y por qué no se me quitaba esa sensación de telaraña en los ojos.

Acosté como pude a mi pequeño y me fui a la cama coja de nuevo, con ganas de llorar y con la sensación de haber tenido el premio en las manos y de haberlo perdido... Y fue así, en medio de ese torbellino de rabia y autocrítica, que decidí que lo único que podía hacer era volver a ver a Ken y que me hiciera alguna de esas cosas que él sabía. Ya está, tan sencillo como eso. Bastaba un momento de debilidad para cambiar mi firme decisión de no volver a someterme a un escáner espiritual por parte de un desconocido. Me sentía como una yonqui que busca su dosis de nuevo, aunque no por las pastillas esta vez, sino por mi nueva adicción a la magia de sentir paz en mi cuerpo, aunque tuviera que pasar por experiencias misteriosas.

¡Qué importaba cómo consiguiera la paz! Me negaba a seguir sintiendo aquel dolor, así que no tardé mucho en volver a engañar a mi querido marido y recordarle, por sorpresa, que en un par de días tenía que ir a la segunda parte de mi inventado curso antiestrés. Aceptó a regañadientes esta vez y lo cierto es que me cazó de lleno en mi mentira cuando le conté mi milonga improvisada, explicando que quizá se me había pasado decirle que aquel curso duraba varios días.

—¿Tienes que ir otra vez? ¿No será que te está captando una secta? —me preguntó medio en broma, aunque entendí perfectamente que me lo decía medio en serio.

—¿Una secta? ¿Tengo cara de estar en una secta?

—Pues no sé, ya me contarás cuál es esa técnica antiestrés porque estás muy rara últimamente. No paras de leer libros extraños, te siento ausente todo el tiempo y tu conversación se ha vuelto un poco monotema, ¿no te parece? —me dijo frunciendo el ceño y levantando bastante la voz, lo cual me sugirió la idea de que tenía ganas hace tiempo de espetarme algunas opiniones acerca de mis nuevos hobbies espirituales, los cuales yo pensaba, de manera absurda, que pasaban desapercibidos.

—Chico, no me parece para tanto, al menos yo tengo cosas interesantes que aprender, ¿qué haces tú con tu vida? —le pregunté en un alarde egoico de superioridad que provocó una discusión monumental entre nosotros.

—Modérate, Susana. No te excedas conmigo. Ahora te crees una iluminada y me parece que te estás pasando un poco. Tienes una familia que atender, te recuerdo —aprovechó para poner una reclamación a mis labores como esposa y madre ya que, como usted sabe, el Pisuerga pasa por Valladolid.

—¡Lo siento, no es mi culpa que estés vacío por dentro! Me interesan estos temas, ¿y qué? A ti te interesa la pesca de río y yo no te digo nada —le respondí muy alterada, intentando hacerle todo el daño del mundo porque me había molestado que reclamara mi rol de mujer del hogar con disimulo.

—¿Vacío? ¿Acaso te crees tú muy llena? No veo que esos cursos tan raritos que haces estén reduciendo tu chulería y, por cierto, ya que mencionas mi afición a pescar me gustaría matizar que, como puedes comprobar, yo no hago de nuestra casa un museo de la pesca. No cuelgo cañas por las paredes, no rezo al dios de los ríos, ni mucho menos pongo un incienso apestoso que atrae truchas a la orilla, ¿me entiendes? Cuando me conociste yo ya pescaba, bonita, sin embargo, esta Susana nueva a la que solo le interesan libros extraños, meditar y que desaparece todos los fines de semana es toda una novedad con la que yo tengo que lidiar cada día. ¿Te enteras o te lo repito?

El portazo, estoy segura, se escuchó en toda la urbanización y el silencio que se quedó en nuestro cuarto me dolió mucho más que mi pie.

Me acosté en la cama, pero no pude dormir. Me quedé mirando al techo sin pegar ojo mientras pensaba cómo era posible que hubiera llegado hasta ese punto en mi vida. Me sentí fuera de lugar e incomprendida porque, en efecto, esto del despertar espiritual me hacía sufrir sin necesidad, aunque, por extraño que parezca, mi corazón me decía que tenía que seguir, que este era el lugar, que las cosas estaban cambiando dentro de mí, que algo bueno me esperaba en este sendero extraño del incienso por más que se estuviera manifestando en mi vida en forma de problema.

Por supuesto, incluso a pesar de haber tenido la peor discusión con mi marido en años, no lo dude, querido lector, llegó el sábado por la mañana y claro que fui a ver a Ken. Claro que dejé a mi familia por volver a ver a aquel ser extraño y decirle que fuera lo que fuera lo que me había hecho, me lo volviera a hacer.

Cuando salí por la puerta de mi casa mi marido ni siquiera se despidió. Me miró con cara de cabreo universal y pena.

Entre sus cejas fruncidas y su intención de hacerme notar su malestar intuí su pena. Se notaba por su expresión facial que sentía que no me reconocía, que me había perdido. Y yo tengo que reconocer que jamás he pensado en perderme de su lado, solo tenía que esperar a que mi proceso se estabilizara para que yo se lo volviera a demostrar cada día, en la salud y en la enfermedad, como prometimos en su día:

—Paciencia, amor, ten un poco de paciencia conmigo, esto no lo entiendo ni yo y te necesito a mi lado —dije solo para mis adentros sin atreverme a verbalizar esta petición en voz alta. Y me fui.

A solas con el maestro

Piénselo bien por un momento. En un período cortísimo de tiempo yo había tenido experiencias que me habían sacado de mi identidad de siempre y, bien mirado, eran una maldita locura. Un nuevo trabajo donde soy rechazada por completo, un despertar espontáneo nocturno que ni encuentro las palabras con las que poder explicarlo como se merece, un templo budista al que sentía como mi hogar y en el que me hubiera enrolado como una más de no haber estado casada y ser madre, una nueva amiga que habla con muertos, una experiencia secreta con un señor de coleta que me abría en canal, y toneladas de incienso a mi alrededor. ¿Es o no es para asustarse? Comprendo a mi entorno familiar hoy en día más que nunca. No sé cómo hubiera reaccionado yo si mi marido hubiera comenzado a traer mantras, mandalas e incienso a nuestra casa. Conociendo mi grado de histeria me habría presentado en el centro budista para decirles que le liberaran, que ya me hacía cargo yo de su karma. Quién sabe, me han dicho toda la vida que tengo mucho genio, muy mala leche, así que no me extrañaría nada que, de verme yo en el lugar de mi marido, le hubiera pedido el divorcio por diferencias paranormales irreconciliables. Sin embargo, algo me empujaba, no sé si era mi pie, mi alma o mis ganas de tocar las narices a mi propia vida, pero me empujaba como un imán hacia el metal sabiendo que, en el fondo de mi corazón, por mucho que me hubiera dolido lo que Ken me había dicho de mi dolor y el arraigo, iba a volver a verle esa misma mañana.

Cuando llegué a la puerta del centro de Ken reconozco que, antes de empujarla para poder acceder a su paraíso enmoquetado, me lo pensé dos veces, aunque al final entré recordando con claridad lo que me había dicho el primer día que pasamos juntos justo antes de marcharme a mi casa con cara de pocos amigos: «Volverá, Susana. Y andando por sí misma. El dolor la va a empujar...».

Aquella afirmación se había cumplido como una profecía, lo cual me hizo pensar en si, en realidad, estaba yo siendo condicionada a actuar en base a aquella aseveración tan categórica, al igual que ocurrió cuando se puso de moda la publicidad subliminal y se rumoreaba que, en los cines, cuando se proyectaba una película, se mostraban a velocidad de vértigo fotogramas que contenían imágenes de refrescos —de esos que se venden en latas rojas— y que podías comprar en la cafetería, convirtiéndote en un consumidor programado que confunde esa programación con sus verdaderos deseos.

El caso es que allí estaba, de nuevo en aquel lugar secreto a pie de calle y con aspecto de clínica de masajes chapada a la antigua. Mientras entraba recordé a la hija de Ken y supuse que estaría detrás del mostrador de recepción jugando al buscaminas y esnifando incienso de lavanda, pero lo cierto es que no, no había nadie en aquel mostrador para recibirme. Eso sí, con lo del incienso, una vez más, no me equivocaba. La entrada apestaba a ese humo oloroso que te recuerda que estás entrando de nuevo en el club de la espiritualidad por si, por lo que fuera, lo hubiera usted olvidado. Me alegré de no encontrarme con la recepcionista feliz de pelo ultraliso. Estoy segura de que, de encontrármela, me hubiera saludado con alegría para, acto seguido, interrumpir cualquier respuesta que yo le diera, así que sin pensármelo mucho me dirigí al final del pasillo, haciendo caso de la invitación que se me hizo de acceder directamente a la sala de abajo a la hora programada sin dar explicaciones a nadie. Caminé por el pasillo hasta encontrarme con las escaleras de bajada de nuevo donde, esta vez sí, acerté a observar que había al menos dos puertas cerradas que deduje serían las salas que utilizaban los antiguos alumnos de Ken para hacer sus sesiones de tratamiento, tal y como me había contado Sandra, aunque estaban cerradas y yo no vi por allí nunca a nadie.

Faltaban cinco minutos para que fueran las diez en punto de la mañana, así que supuse que también Ana y Sandra estarían ya dentro del paraíso de la moqueta, sentadas en el suelo, descalzas, ocupando su sitio. Al recordarlas tengo que reconocer que sentí ganas de encontrarme de nuevo con ellas. Ellas hacían que mi experiencia no fuera tan estrambótica; eran mis compañeras de faena, dos personas más de este mundo que, al menos, podían ofrecerme el consuelo de no ser la única loca del planeta que se dedicaba a estas actividades tan poco comunes. Bajé las escaleras, me quité los zapatos, me acerqué a la puerta de la sala y entré.

La sala estaba algo cambiada con respecto a la de mi primer día, no había cojines por el suelo, la luz estaba del todo apagada y justo en el medio, en la completa soledad de la estancia, dos sillas como de oficina estaban colocadas una frente a la otra con un pequeño espacio entre ellas. Parecían preparadas para un careo en una comisaría.

Ana y Sandra no habían llegado todavía, yo era la primera en aparecer por allí y al no tener a nadie a quien poder imitar, permanecí de pie esperando que hicieran acto de presencia sin saber muy bien qué hacer. Estaba empezando a ponerme nerviosa. «¿Por qué no vienen? Son las diez en punto», pensé justo cuando se abrió la puerta anunciando que por fin estaban allí y relajando mi ansiedad de niña pequeña que se siente en peligro porque ha perdido de vista a papá y mamá. Pero no eran ellas. Mis compañeras de locura no entraron por la puerta, lo hizo Ken caminando lentamente, cerrando la puerta a sus espaldas y dándome a entender que no esperaba a nadie más hoy.

—Susana, buenos días. Me gusta que sea puntual. Lo cierto es que la esperaba hoy con muchas ganas —me dijo con su hablar pausado y mirándome a los ojos sin pestañear.

—Buenos días, Ken. ¿No va a venir nadie más hoy? —para qué iba yo a esperar a hacerle la pregunta.

—No. Tengo todo el día para usted. ¿No se alegra? —me contestó con media sonrisa irónica.

—Pues no lo sé, esperaba a Sandra y Ana. Ustedes me dijeron que El Camino este duraba varios días y...

—¿Y? Quien lo completa se toma tres días, Susana, quien no lo completa no pierde ni un minuto de su tiempo. Tiene lógica, ¿verdad? —siguió con su tono de ironía como quien habla a una niña pequeña que está aprendiendo los colores del arco iris.

—¿Ana y Sandra no lo van a completar? —me estaba asustando.

—Sandra, no. Se lo aseguro. No ha sido invitada a seguir. No está en el momento adecuado. De vez en cuando se nos cuela algún recomendado que viene a El Camino porque le empujan. Su hermana lo completó con éxito, pero ella no, no ha sufrido lo suficiente aún. Tiene que tocar fondo. Ya llegará su momento.

—¿Y Ana? ¿Tampoco ha sufrido bastante, según usted? ¿Qué pasa?, ¿que necesita que seamos almas destruidas para otorgarnos el beneplácito de su sabiduría? —dije sin oponer resistencia a mis ganas de discutir lo que acababa de contarme acerca de Sandra y su poco sufrimiento. ¿Cómo se puede decir que alguien no ha sufrido bastante? Pues sí que empezamos bien el día.

Ken carraspeó antes de hablar.

—Sigue usted siendo la misma, por lo que veo. No, Ana no va a encontrarse con usted hoy. Si eso es lo que le preocupa. Va a estar a solas conmigo todo el día. Le recuerdo que es libre de marcharse, pero no lo va a hacer porque ha sentido cosas, ¿verdad? ¿Diría usted que ha sufrido durante estos siete días?

—Sí. He sufrido. El dolor de mi pie se fue, pero volvió y al volver sentí que me arrollaba de nuevo. Tengo que reconocer que usted me ha hecho algo y me gustaría que me ayudara a mejorarlo.

—Pues puede usted estar contenta. Su compañera Sandra no ha llegado a esa cota de sufrimiento. Por eso no me necesita. No se trata de que se sea un, ¿cómo lo ha llamado? Ah sí, «alma destruida». ¿Lo entiende ahora? —me aclaró pronunciando cada palabra con tanta corrección que pensé que había una grabación dentro de él.

—Sí. Le entiendo —le mentí abiertamente. No le entendía para nada.

—Muy bien. Es el momento de ponernos manos a la obra, querida Susana. Tenemos mucho trabajo que hacer hoy. ¿Tiene alguna pregunta que hacerme antes de empezar?

—Sí, la tengo. Hay algo... no sé cómo explicarlo. Desde que salí de aquí la semana pasada no veo del todo bien —dije intentando no ser muy dramática acerca del efecto del velo sobre mis ojos—. Me molesta la luz, es algo muy extraño. No veo las cosas con claridad. No sé si me entiende.

—Se equivoca, Susana. Lo que le pasa es que ahora ve mejor que antes. Y con mucha más claridad.

—¿Mejor? Pues a mí me molesta. Veo a mi marido y a mi hijo como si fueran irreales. Nada se interpone entre nosotros y, sin embargo, tengo la sensación de que están siempre detrás de una cortina invisible. No me parece en absoluto que eso sea mejor que antes. Me siento aturdida y preocupada por ello, si le digo la verdad. Además, la sensación no cesa en ningún momento del día y termino por sentir pena. Tengo continuamente la impresión de estar viendo un holograma. Una película —le dije con sinceridad porque, en efecto, el velo era una molestia más en mi vida.

—Es que es una película. Su cuerpo le está diciendo por primera vez en su vida que lo que ve no es real. Bueno, si le digo la verdad, nada de lo que percibe es real —me contestó con toda la seguridad en su afirmación como el que indica a un turista perdido que la Cibeles se encuentra a cuatro calles—. Es usted espabilada, Susana. El día de hoy nos va a llevar de viaje por esa película. Me alegro que lo haya sentido.

—¿Lo que veo no es real?

—No. Para nada. Lo que usted ve es falso y creado por usted y, por favor, Susana, no se haga la tonta. Usted ha oído esto antes. Todos los libros de espiritualidad hablan de ello. Es el tronco común de todas las enseñanzas espirituales de todos los tiempos, no me diga que me conoció por casualidad sin tener relación previa con estas enseñanzas porque no la creeré.

—Sí, bueno, es una larga historia. El caso es que una monja que conocí me dijo que yo la había creado a ella y que solo estaba en mi mente, pero, sinceramente, Ken, solo la entendí a nivel intelectual, al igual que a los libros que leo. Jamás había experimentado yo la sensación hasta ahora —confesé agachando mucho la cabeza y reconociéndome a mí misma que, por muchos libros que hubiera leído y que por muchas lecciones que me dieran gurús y sabios, nunca, nunca, nunca jamás antes había de verdad experimentado la sensación de irrealidad y mucho menos de manera continua.

—Se le pasará. Dura un tiempo, es posible que unos meses.

—¿Meses? ¿En serio? —Me produjo mucha angustia saber que iba a estar tanto tiempo sintiendo que las paredes de mi casa estaban hechas de humo y que mis amigos y familiares se iban a presentar ante mí como títeres inertes.

—No creo que llegue a durar un año, tranquila. Ese caso es muy poco frecuente. —No sé si habló en serio o en broma.

—¡Un año! Pero ¿por qué? Es muy desagradable, de verdad.

—El despertar espiritual duele, Susana. Crecer duele. Está usted creciendo por dentro, quizá renaciendo, aunque no se dé cuenta, y eso le aseguro que duele y mucho.

—¿Y por qué duele?

—Muy sencillo, porque, aunque no se dé cuenta, ha elegido voluntariamente la cura de su espíritu y no su anestesia, por eso duele, al igual que cuando se hace una herida en el cuerpo. Mientras la carne se abre duele, aunque, créame, es por la herida de su carne por donde entra la luz, si me permite la metáfora.

Me sentía ridícula mientras escuchaba esas afirmaciones tan profundas, pero tan sencillas y lógicas a la par. Crecer espiritualmente resulta que duele, y yo tan ilusa presumiendo de mi elevada talla espiritual solo porque meses antes me había juntado con un grupo de budistas que, al acogerme, le proporcionaban una etiqueta más a mi ego, la etiqueta de «Susana la Budista», o porque me había leído a todos los autores de moda y podía recitar sin respirar grandes frases de sabiduría que yo creía entender a la perfección. Nada más lejos de la realidad. Las entendía con mi mente, pero no las estaba viviendo, al menos no hasta ahora, que me daba cuenta de que este nuevo proceso mío estaba afectando a mi pareja, a mi cuerpo, a mi percepción del entorno, a mi biografía, a mi clan y a mi paciencia. Estaba encontrándome conmigo misma y mis limitaciones, y eso a mi ego de charlatana le dolía y le dolía mucho. Ser espiritual no va de leer a Eckhart Tolle a todas horas como yo hacía. Ser espiritual va de hacer consciente el inconsciente. Descubrir que dentro de ti hay todo un río de vida que no conoces para nada. Va de tirar muros, de aceptar resistencias, de restar porquerías mientras las amas y de alguna otra cosa más que estaba a punto de descubrir con Ken.

—Hoy vamos a jugar, Susana. ¿Quiere? —me sorprendió mucho la pregunta, aunque a estas alturas de la película, y estando a solas con el maestro viejo, achinado y con coleta no parecía que me quedaran más opciones que aceptar, así que por primera vez me limité a contestar con una sola sílaba:

—Sí.

—Muy bien. Dígame, ¿usted quién es?

—¿Cómo? ¿Quién soy? Pues... yo soy Susana, ¿no? —Venga, vale, reconozco que estuve a punto de decirle que no me mareara con adivinanzas, pero no lo hice.

—«Yo soy Susana...». Qué curioso, ¿verdad?

—Ken, no le sigo. —Para qué le iba a engañar si no le seguía.

—«Yo soy Susana» es una frase simple y corriente. «Yo» es el sujeto y «soy Susana» es el predicado, ¿está de acuerdo? —Pensé que era una pregunta trampa, pero resultó ser que no.

—Sí, estoy de acuerdo.

—¿Y no le parece extraño que ese «yo» que usted coloca en primer lugar diga de sí mismo que «es Susana»?

No contesté. No entendía ni media torta de lo que me estaba intentando decir.

—Ese «yo» se describe a sí mismo como «Susana» —intentó aclarármelo, por hacerme un favor y ayudarme a comprender lo que intentaba explicarme.

—Pues sí, es su nombre, que yo recuerde —no pude evitar sacar mi sarcasmo, aunque me arrepentí en el mismo momento en que lo entoné.

—¡Ahá! Es su nombre, el nombre del «yo». Ahí es donde quería llevarla. Es usted rápida y no se da ni cuenta —me dijo con una sonrisa de padre que enseña a su hija a sumar por primera vez.

—¿Susana es el nombre de mi «yo»? —pregunté ruborizada, pues toda la conversación empezaba a ser un galimatías extrañísimo.

—En efecto. Susana es el nombre de su «yo». Es una etiqueta. Es un soniquete que le repitieron sus padres miles de veces cuando era una niña, hasta que se dio cuenta de que, al pronunciarlo, ellos intentaban comunicarse con usted haciéndola llegar a la conclusión de que cada vez que dijeran «Susana» usted tenía que girarse y prestarles su atención. Su nombre es una etiqueta, nada más. Es como la sirena del colegio que le avisa de que ha llegado la hora de salir al patio a jugar. Usted no es Susana. Es por ello imposible. La palabra «Susana» solo es un ruido, una alerta que la avisa de que alguien más quiere comunicarse con usted.

Yo tenía los ojos como platos. Tuve ganas de reír y de llorar a la vez tras escuchar aquella reflexión acerca de mi nombre. Era increíble cómo este viejo tan sereno estaba desmontando mi identidad tan solo razonando un poco sobre cosas que yo jamás en la vida me hubiera planteado ni tomando la más dura de las drogas.

No soy Susana...

—¿Qué le pasa? La noto extraña. No se quede con ninguna duda dentro, por favor, es importante.

—No tengo dudas, Ken. No soy Susana. Mi nombre es una etiqueta, al igual que cualquier otra cosa mía, ¿verdad? Si le digo «Yo soy Géminis» me contará la misma historia —afirmé con una profundidad espontánea que nació de lo más hondo de mi corazón infantil.

—Correcto. Todas las palabras que usted pueda colocar detrás de la combinación «Yo soy» son simplemente mentira, etiquetas que le han puesto para implantar, con ellas, un comportamiento concreto. Usted hoy en día no es Susana, solo responde a ese sonido y, además, se comporta como la Susana que todos esperan ver. Al igual que usted no es Géminis, solo se comporta como si lo fuera, ¿o acaso recuerda el día de su nacimiento?

—No, ¿cómo iba a recordarlo?

—Usted cree que de veras nació el día en que celebra su cumpleaños cada año. Se lo repitieron hasta la saciedad y además se lo recordaron cada trescientos sesenta y cinco días desde entonces, pero no es un conocimiento que usted haya adquirido en base a su propia experiencia. Si no recuerda lo que ocurrió el día que nació no puede saber con exactitud que nació el día que lo celebra. Usted no estaba allí. Ni sabía que se llamaba Susana. Usted solo confía plenamente en la información que le dieron sus padres, pero no puede comprobarla, por lo tanto, créame, su fecha de cumpleaños es una creencia más en su vida, muy arraigada, sí, pero una creencia, al fin y al cabo.

Vale, en menos de una hora no tenía nombre ni fecha de cumpleaños. Maravilloso. Cada vez que iba a ver a este señor me pegaba un repaso que no había incienso en el mercado que lo relajara.

—No lo había pensado nunca —dije en voz baja ante mi estupor. ·

—Dirá que no lo había pensado *tampoco* nunca —me sonrió como intentando relajar la evidente expresión de aturdimiento que se percibía en mi rostro.

—Pues hombre, acaba usted de dejarme sin identidad, comprenda que no me ocurre todos los días.

Ken se rio a carcajadas. Pensé por un momento que yo empezaba a caerle bien a juzgar por su risa sincera, aunque lo cierto es que era él quien de alguna manera empezaba a parecerme verdaderamente entrañable a mí. Sonreí contagiada de su risa y conectamos en ese momento tan extraño. Cuando dejó de reírse me miró con dulzura. Muy pocos adultos en mi vida me habían mirado con esa expresión de cariño, así que ante mi falta de experiencia sentí la necesidad de apartar mi mirada de la suya notando cómo mi cara tomaba el color de un tomate maduro.

—La identidad es importante, Susana, no se lo voy a negar —siguió con su tema tras recuperarse de su inesperada carcajada—, pero tiene que saber que usted no es lo que piensa, no es la persona que cree que es. ¿Se acuerda que la semana pasada le pregunté si tenía coche?

—Sí, y usted me dijo que si le faltaba gasolina tenía que reponérsela, claro. La energía...

—Sí, la energía debe fluir, eso es correcto. El coche debe tener siempre gasolina y estar sano, pero usted no es tampoco solo esa energía. La energía es solo una porción de combustible que reside dentro de su cuerpo. Usted es mucho más que eso. Iba a dosificarle la información, pero como veo que empieza a seguirme no le daré más rodeos. Usted es Todo. En realidad, no hay más.

—Perdone, Ken, me he perdido. —Tuve que frenar en seco ante el bloqueo que me produjo la afirmación de mi maestro.

—¿Usted sueña?

—¿Cómo? ¿Se refiere a soñar mientras duermo?

—Sí. Me refiero a soñar mientras duerme, en efecto. Ese tipo de sueños que usted cree normales y corrientes, donde un día va a caballo por la selva, otro es una piloto de avión y otro puede perfectamente tener una pesadilla y padecer tanto miedo que llegue a despertarse. ¿Le pasa?

—Claro que me pasa. Le pasa a todo el mundo, ¿verdad? —le pregunté con cierta ansiedad, porque a estas alturas de mi experiencia con él no iba a sorprenderme en absoluto que me dijera que no, que eso solo me pasaba a mí en este universo.

—Sí, claro, le pasa a todo el mundo. A donde quiero llegar a parar es a hacerle entender, Susana, que usted cuando sueña también ve cosas, ¿verdad?, y las toca, las huele, las siente en el cuerpo... ¿Se ha parado a pensar con qué ojos ve usted las imágenes en sus sueños sabiendo que su cuerpo yace dormido en la cama?

Comprobé, de hecho, que su invitación a jugar era real.

—Pues nunca he pensado que fuera con los ojos, sino con la mente...

—Claro, eso es cierto, y la razón por la que es cierto es que usted no ve con los ojos ni cuando sueña ni cuando se supone que está despierta. Usted ve con su cerebro, con su córtex visual para ser más exactos.

—¿Córtex? Eso está en la nuca... ¿no? —le dije recordando algunas lecciones acerca del cerebro que aprendí cuando me inscribí en la carrera de Psicología. Carrera que abandoné, por cierto, aunque esa historia merece otro relato.

—Sí, sus ojos no pintan gran cosa. Ellos únicamente recogen impulsos de luz y envían esa señal al córtex. Es el córtex quien construye lo que usted ve. Literalmente —dijo señalando esa zona sobre su propia nuca, dándose unos golpes suaves para indicar dónde se formaban las imágenes que nos permiten ver—. De hecho, lo que hay afuera de sus ojos, lo que usted supone que es su exterior, solo es energía. El ojo la capta y su cerebro construye la imagen.

De repente, se volvió sobre sí mismo mirando en una dirección de la sala en la que seguíamos sentados frente a frente, señalando un objeto que yo conocía, el viejo tocadiscos del que había salido la melodía que nos acompañó en el momento de la apertura hacía ya una semana.

—¿Ve el tocadiscos de la esquina? —dijo señalándolo.

—Sí.

—Ese objeto lo está construyendo usted, pero no es más que un puñado de energía vibrando. Su ojo ha captado esa luz, esa energía, y su cerebro se ha encargado de fabricarlo para que usted pueda acercarse y poner un poco de música. Música que, por cierto, responde a la misma ley. Si hace usted sonar el tocadiscos, la aguja provocará que se propaguen unas ondas, estas serán captadas por su oído y su cerebro se encargará de fabricar la melodía para usted.

—Ya, creo que voy entendiendo...

—No es muy diferente de soñar. De hecho, ¿cómo puede usted demostrarme ahora mismo que esto que está viendo no es un sueño? —me preguntó, invitándome a responder y con ello a seguir en aquel juego que empezaba a entender que consistía en poner a prueba todo lo que yo creía saber acerca de la realidad en la que, hasta hacía unas horas, tenía la certeza que vivía.

—Pues bueno, creo que porque estoy aquí sentada y puedo verle, puedo tocar esta silla... No puedo estar en dos lugares a la vez y además no estoy durmiendo.

—Error. En sus sueños usted puede estar también sentada, puede verme y tocar su silla. Además, cuando sueña también cree que usted está físicamente allí, en el lugar en el que sueña, y también cree estar despierta dentro de ese mundo. No me vale, Susana. No me convence usted para nada.

Se calló y me miró con una expresión en sus ojos que me invitaba a las claras a seguir razonando mi respuesta:

—Ken, ¿y qué hay de esos sueños en los que sé a ciencia cierta que estoy soñando? A veces me ocurre que, en medio de mi sueño, soy plenamente consciente de que lo que estoy viviendo es fruto de mi imaginación y que todo es mentira, que estoy soñando. Si en uno de esos sueños, por ejemplo, veo que un perro me quiere morder, no siento miedo alguno porque tengo la certeza de que estoy en una película —le dije orgullosa de mi razonamiento y sintiendo como mi ego se alegraba de encontrar un argumento que pudiera llevar a Ken a algún colapso, por pequeño que fuera, alguna vez.

—Creo que ha sido usted la que ha mencionado el velo en sus ojos esta mañana. ¿Recuerda? Cuando usted sueña que está soñando se le ha quitado el velo del todo, es decir, es plenamente consciente de que usted está creando a ese perro que parece querer morderla. Por eso no siente miedo alguno, porque en su sueño sabe que el perro es irreal, solo un puñado de impulsos eléctricos que están entrando hasta su córtex para tomar esa forma y que está siendo fabricado por una mente, la suya. Por esa misma razón siente usted el velo en los ojos también desde hace unos días. Está empezando a ser consciente de que lo que ve no es real. Lo está usted fabricando, solo que su pequeño avatar no se ha enterado del todo todavía.

Qué ilusa. No sé por qué pensé que yo podría hacer a Ken colapsar en momento alguno. Supongo que de tanto en tanto mi ego quería demostrar a este viejo achinado que yo no era tonta, aunque lo cierto es que lo era. Y mucho.

—¿Mi avatar?

—Sí, su avatar. Esta mañana temprano hemos llegado a la conclusión de que usted no es Susana ni lo ha sido nunca, ¿verdad? Susana es su avatar, su personaje, su cuerpo, si así lo entiende mejor, es el traje que se ha puesto usted para vivir esta experiencia humana. El traje biológico y su sinfín de etiquetas que limitan su comportamiento. A todas luces es para usted lo que un traje espacial para un astronauta si quiere sobrevivir en medio del espacio.

—Entonces yo... ¿tampoco soy real? No sé si le sigo, ¿no me había dicho usted que yo era el Todo? —le pregunté, confieso, con un tono de voz más propio de una niña de seis años que de una adulta de treinta y tantos.

—Su avatar no es real. Cuando usted se mira en el espejo no se está viendo a usted. Está viendo una imagen pintada en un lienzo de cristal que refleja formas y colores. Es decir, usted está capturando, de nuevo, un puñado de impulsos eléctricos y convirtiéndolos en una imagen que maquillar cada mañana, por cierto. Como si no le gustara lo que ve. En realidad, nada escapa a ese razonamiento. No hay excepciones. Puede usted afirmar con tranquilidad que lo que captan sus sentidos no tiene una existencia propia. Son solo construcciones que hace su avatar para poder tener una experiencia humana.

—... Ken, ¿mi hijo no es real? —Sentí una punzada de dolor en el corazón tras darme cuenta de que, de aceptar esta información como cierta no me quedaba más remedio que aceptar que las personas a las que yo quería no eran reales. Estaba dispuesta a tragarme ese sapo por cualquiera, pero no por mi hijo. Mi hijo salió de los adentros de mi avatar destrozando mi cuerpo. Mi hijo tenía que ser real, aunque solo fuera porque me negaba a aceptar que era una marioneta más en mi vida. Ni loca. No lo acepto.

—Le dije que crecer duele, Susana.

—No... no le creo. Mi hijo es real. Salió de dentro de mí. Es mío, la única persona por la que me dejaría asesinar a sangre fría.

—O la cura o la anestesia, Susana. La elección es suya. Ya se lo advertí. Y ahora tómese un descanso, es la hora de comer para su avatar y para el mío, y no quiero que piense que en El Camino no comemos. La semana pasada se fue usted sin ingerir más que energía.

No sé si su última frase fue una broma o pretendía hablar en serio. El caso es que Ken se levantó y se fue por la puerta dejándome a solas frente a aquella silla ahora vacía, mirando al infinito, anonadada por lo que estaba escuchando, pero mucho más por la conclusión a la que estaba llegando de que nada era real, ni siquiera mi hijo, mi pequeño, el único avatar por el que moriría si me lo pidiera.

Me levanté de mi silla y me fui hacia la puerta, hacia la calle, casi corriendo; necesitaba del ruido de los coches para intentar volver a mi creada realidad cuanto antes. Puede que no fuera real, pero era la mía, la única que yo conocía, la zona de seguridad en que yo creía saber vivir, mi hogar. Tantas veces había maldecido mi suerte en la vida, mi puñetera realidad, que por primera vez en mi vida sentí la lástima de que, por mala que fuera, me la quitaran. Qué paradoja, que me quitaran mi identidad y mis problemas. Eso que tanto había deseado toda la vida.

Comí malamente en el primer bar que encontré cerca del Centro Árbol de la Vida. Ni siquiera recuerdo si ingerí pan, carne o fruta. Estaba aturdida y el velo no se iba. Pensé que para qué iba a molestarme en elegir un menú que no era más que una construcción en mi mente. Lo que sí recuerdo es que me llevé la mano al bolsillo de mis pantalones y saqué de él mi terrible pastillero y, querido lector, tengo que reconocer que ese objeto del demonio que yo portaba donde quiera que iba me devolvió por un momento a mi falsa realidad. Lo odié a muerte. Pensé que yo ya llevaba mucho tiempo con un velo al que me había acostumbrado, el que me daban las pastillas. Mire por dónde, aquella adicción mía me ayudó de verdad a entender que la sensación de irrealidad era algo que yo llevaba mucho tiempo inyectando a mi pobre avatar. Yo lo apagaba y mi avatar sufría porque quería cumplir con su función plenamente, aunque esta función fuera hacerme recordar que nunca, la Susana que yo creía ser, había entendido de qué va esto de la existencia, así que sin pensármelo dos veces tiré las pastillas. Tenía suficiente con un velo. No necesitaba acumular más drogas en mi cuerpo que las que ya fabricaba él solito para mantenerme con vida.

—A tomar por el culo... —dije en clara voz alta en la papelera que el bar tenía a los pies de la barra donde los clientes tiran servilletas, palillos y las horrorosas rodajas de limón que ponen a todos los refrescos, al menos en los bares de Madrid.

Cuando traspasé la puerta de vuelta al centro de Ken, esta vez sí, su hija se encontraba detrás del mostrador de recepción con su micrófono de diadema y mirando al monitor de su ordenador. No tenía ganas de hablar con ella. Reconozco que Ken empezaba a caerme mejor, pero su hija me ponía nerviosa y, en mi alarde de valor, tras encontrarme libre de pastillas, preferí no añadir estímulos que me alteraran, así que intenté caminar hacia el pasillo intentando pasar desapercibida ante sus ojos. Qué ilusa de nuevo. La hija de Ken no tardó ni dos segundos en dirigirse a mí:

—¡Hola, Susana! ¿Cómo se encuentra? —Me trató de usted sin más, aunque a buen seguro cambiaría de tratamiento cuando le viniera en gana. Era cuestión de esperar.

—Bien, ¿y usted?

—Fenomenal. Me alegra verla de nuevo por aquí. —Me sonrió con su cara ensayada de buena comercial.

—Sí, a mí también.

Ella se quedó mirándome sin decir nada más, lo cual supuse que era un indicador de que nuestra conversación había terminado y yo, como una tonta una vez más, me había quedado esperando a que ella siguiera hablando, así que allí estaba yo con cara de pánfila, quieta ante su mostrador, sonriéndole por educación e intercambiando con ella únicamente miradas de «bueno-qué-vas-a-decirme-algo-más-o-me-puedo-ir», hasta que decidí que si no daba yo el paso, ella no iba a dejar de sonreírme a menos que recibiera alguna llamada inesperada. Pero no la recibió, por lo tanto, tuve que dar el paso de avanzar hacia la sala donde el viejo Ken estaba reventando mi vida en trocitos, y cuando lo hice ella me siguió con la mirada y su sonrisa, haciéndome sentir incomoda una vez más.

—Para haberte creado yo, me pones de los nervios... —murmuré de camino al sótano secreto.

—¿Me ha dicho algo? —escuché que me decía Lady Ken desde su sitio, lo cual me dejó petrificada ante la idea de que me hubiera escuchado.

—No, no, no se preocupe. Pensaba en alto...

—Piensa demasiado, Susana, ¿no cree? —me dijo con toda su alegría, haciéndome recordar que esa misma frase ya había salido de su boca la primera vez que tuve una conversación con ella.

—Es posible, sí. Pienso demasiado. Perdone, pero he de volver...

—A clase, sí. Aproveche el día de hoy. Suele ser un día intenso para los alumnos de mi padre. Disfrute. Estoy aquí para lo que necesite —me dijo interrumpiéndome una vez más y volviendo acto seguido a clavar la mirada en su monitor, lo cual me invitó a volver sobre mis pasos y caminar de nuevo hacia mi destino bajo aquellas escaleras.

Cuando entré de vuelta a la alcoba de los misterios, las sillas de oficina que habían sido testigo de mi careo con Ken no estaban ya allí y en su lugar, en el centro de la sala, alguien había colocado una esterilla de gimnasio y cuatro velas encendidas en las esquinas. No hacía falta tener un premio Nobel para saber que iba a tener que tumbarme allí mismo Dios sabe para qué. Confiaba en que fuera para dejar de sentir mi dolor, aunque a estas alturas de la novela ya hasta dudaba de si lo tenía. Supuestamente, y de acuerdo a las enseñanzas que acababa de recibir, mi dolor era tan falso e irreal como cualquier cosa en mi vida.

La puerta se abrió y Ken entró con su andar lento dirigiéndose directo hasta donde yo estaba.

—¿Ha comido bien? Espero que no haya tapado su vacío existencial con cantidades ingentes de comida. Le suele pasar a los que sienten desarraigo como usted, llenan su cuerpo de una

159

comida que no necesitan porque tienen que tapar ese agujero que sienten en la boca del estómago. ¿Es su caso?

Tra-ca-trá. Menuda pregunta directa al grano. Hubiera esperado un «¿Qué tal? ¿Ha comido bien?», pero no, Ken entraba de nuevo disparando justo a mis heridas. Claro que había comido mal, como siempre. Y claro que entre mis problemas estaba y siempre había estado el peso. Tan pronto engordaba sin control como adelgazaba hasta parecer una espiga de trigo. Desde siempre. Por eso en mi armario guardaba ropa de un rango de tallas que hubiera podido pasar por un almacén de una tienda de ropa con facilidad.

—Bueno, he pensado que, según su teoría, daba igual lo que comiese. Deduzco que la comida es tan irreal como mi nombre, mi cumpleaños, mi hijo o el suelo que pisamos ahora mismo.

—Sí. Lo es, pero tenga cuidado. Los efectos de esa comida en su avatar también los ha creado usted... Y como tal le obedecerán y se cumplirán. Es mejor que coma sano mientras no pueda alterar cómo se comportan sus creaciones. Hágame caso.

—¿Alterar? ¿Puedo modificar la realidad que creo?

—Debe modificar la realidad, Susana. Si no usted nunca va a sanar.

—¿Y cómo...?

—Con la intención de hacerlo y con tres elementos esenciales en su vida que está ignorando: sus manos, su respiración y el perdón. Túmbese, por favor.

Obedecí porque siempre obedezco y como tal no rechisté y me tumbé a la orden de mi maestro. Me di perfecta cuenta de los dos diablos que vivían dentro de mí. El diablo contestón que desafía a los demás con el sarcasmo y la ironía, y el diablo cobarde que siempre obedece ante una orden tajante de quien tiene aspecto de ser superior a mí, es decir, en mi eterno complejo de inferioridad, casi todo el mundo.

Cuando ya estaba tumbada y sometida a la voluntad de este ser tan extraño, y mientras miraba al techo pensando, una vez más, cómo narices había llegado yo hasta ese momento en mi vida, Ken se acercó a la esquina donde tenía el aparato de discos de vinilo y lo puso en marcha. El ruido de la aguja contra el disco, y el soniquete del polvo entre ambos, me cautivó una vez más. Esperaba que sonase de nuevo la voz masculina extraña que escuché la primera vez, pero no, en esta ocasión empecé a escuchar una vibración lejana, como si algo estuviera frotando un trozo de metal, como si un arco de violinista se deslizara sobre unas cuerdas de acero haciéndolas sonar en medio del vacío. Aquello era una vibración constante que se me metía por los oídos como buscando una puerta por la que abrirse paso hacia el interior de mi cuerpo, como una serpiente invisible y metálica que taladraba mis oídos sin piedad. Juraría que el sonido venía de cuencos tibetanos de esos que también se venden en las tiendas espirituales y que, si usted quiere tener uno, encontrará justo al lado del incienso probablemente.

Ken no dijo nada, solo se desplazó hacia donde yo tenía mi cabeza apoyada mientras miraba al techo e intentaba soportar aquel sonido precioso y fuerte a la par. Se agachó detrás de mi coronilla y casi me pareció que se dejaba caer como una pluma, a juzgar por el movimiento de su cuerpo. No pronunció ni una sola palabra, nada más apoyó la palma de su mano sobre mis ojos invitándome a cerrarlos y a sentir, con ese gesto, miedo otra vez a vez a verme allí expuesta, con aquel loco, solos él y yo en un lugar que empiezo a creer que nadie más frecuentaba.

Escuché a Ken respirar fuerte. Muy fuerte. Como si fuera una bomba de succión de aire. Le escuchaba inhalar una vez con intensidad y exhalar en dos tiempos, como si estuviera dando golpes al aire con su respiración. Lo hizo varias veces, puede que cinco, puede que más, no lo sé, acelerando el proceso entre una respiración y la siguiente. Qué miedo, parecía que iba a expulsar fuego y humo por la boca como un dragón. Cada vez que él respiraba yo sentía el calor que desprendía sobrevolando por encima de mi cuerpo. Me puse a temblar de pavor inexplicablemente porque aquello sobrepasaba cualquier experiencia que hubiera tenido en mi vida y, en realidad, no estaba pasando nada, pero a la loca de mi mente no le valía con esa evidencia, le tocaba despertarse e imaginar que en cualquier momento yo iba a sufrir algún tipo de daño y que aquel hombre era un tarado que me había captado sin saber yo ni cómo. Así que allí estaba yo, tumbada, vibrando al son de un sonido que me traspasaba las entrañas, con los ojos cerrados mientras un hombre succionaba el aire de la habitación y lo escupía con fuerza vaya usted a saber para qué.

Sin previo aviso, sentí que sus manos tocaban mi cabeza. Ardían como cuando tocas una bombilla que lleva horas encendida y posee una luz que te abrasa si te apoyas por sorpresa en el cristal. Sentí que me quemaba el cerebro. Entre la vibración de los cuencos y su mano, mi cuerpo empezó a moldearse como si estuviera hecho de plástico. Sentí que se movía, que me abrasaba y que se derretía, aunque nada de eso estaba pasando por fuera. Era por dentro de mí por donde notaba que los andamios de mi espíritu se caían al paso del sonido y del calor del viejo Ken.

De pronto, él, con una voz muy suave, me habló:

—Abra paso, Susana, no intente pararlo, solo es energía... No tenga más miedo, tire sus muros, no se niegue a perdonar. No tiene que permitir el daño de nadie, solo perdonar, liberar, aliviar sus cargas.

¿Perdonar? ¿A quién? ¿Qué debo perdonar?, pensé para mis adentros sin siquiera intentar abrir la boca para formular esa pregunta. ¡Qué hago! ¡A quién perdono! ¡Cómo lo perdono! ¡No entiendo! Estaba anonadada de tanto misterio y mi necesidad de obedecer como un autómata a su petición. Como siempre. A la orden de los demás, aunque lo hubiera disfrazado toda la vida de rebeldía y descaro, facetas que yo había engrandecido para tapar mi sometimiento a todo el mundo. Me di cuenta de que, en efecto, yo no era real. Me había comportado toda la vida como una descarada que únicamente se rebelaba contra su complejo de inferioridad y su necesidad de obediencia. Y me di cuenta cuando vi que no podía obedecer y perdonar a nadie a petición de Ken. Qué triste. Qué pena me di a mí misma tan grande y tan dolorosa.

Con las manos apoyadas en mi cabeza, y mientras me ardía el alma una vez más, Ken acercó su cara a mi coronilla y comenzó a pronunciar unas palabras con el mismo tono de voz con que un abuelo cuenta un cuento a su nieta para que se duerma:

—En el bosque verde hay una niña sola que corre alegre entre los árboles. Se ven los valles y los verdes prados. La niña es feliz, libre y sabe que allí mismo, muy cerca, está su casa...

—¿Cómo? ¿Una niña? —no sé si dije estas palabras en voz alta o para mis adentros. Abrí los ojos de par en par. «¿Pero qué dices, tarado?», pensé para mí misma, muerta de miedo, y sin atreverme a pronunciar ese improperio en voz alta porque mi maestro seguía recitando como si a través de su boca estuviera hablando otra persona...

—Se hace de noche, la niña decide volver, pero la casa se aleja cuando ella se acerca. La casa se va, es polvo, es transparente, ya no la ve... La niña se asusta, el bosque la asusta, la noche la asusta, no quiere crecer.

Y fue entonces cuando, de repente, me vi claramente a mí misma en la estampa que describía Ken. Entre la música, el calor, la vibración y sus palabras se formó una imagen que casi podía ver delante de mí, como si estuviera en un cine. La niña era yo y sentí el miedo del bosque en mi cuerpo de adulta que yacía tumbado en aquella habitación. Sentí el viento en mi cara, escuché el sonido de las ramas de los árboles moverse, el frío del anochecer y el olor a hierba mojada. Busqué con mis propios ojos mi casa como si pudiera encontrarla en aquella habitación de mala muerte en la que estaba tumbada con aquel viejo maestro. Miré a mi alrededor buscando su puerta, su refugio, pero no la encontraba. La intensidad de mi miedo se multiplicó al ritmo de los cuencos que sonaban y se mezclaban con el sonido del viento de dentro de mi cabeza y mi sufrimiento y mi pena se intensificaron como si en medio de mi pecho se estuviera produciendo una descarga eléctrica.

—Respire conmigo, Susana —me dijo Ken, interrumpiendo mi proyección personal de película.

—¿Qué? ¿Cómo...?

—Respire conmigo. Todo lo fuerte que pueda. Llévese al límite, Susana. Perdone sus deudas...

Supongo que vista desde arriba yo era una mujer tumbada en el suelo, ojiplática, asustada y petrificada por el miedo. Probablemente, de haber visto esta imagen mía en un video jamás hubiera aceptado pasar por ello así. Pero estaba allí, recibiendo órdenes una vez más; tenía que obedecer. Escuché a Ken respirar como lo había hecho un rato antes con tanta fuerza que podría haber tirado el tocadiscos al suelo desde su sitio. Y empecé a seguirle.

Una inhalación fuerte...

Dos exhalaciones fuertes...

Una inhalación fuerte...

Dos exhalaciones fuertes...

Cada vez que inhalaba o exhalaba yo emitía un ruido más propio de alguna tenista jugando la final de Roland Garros que de un centro de terapias supuestamente naturales, pero no conseguía hacerlo de otra manera.

—Vamos, Susana, ¡con más fuerza! —me decía mientras yo, sin parar, seguía respirando como una locomotora a vapor—. No pare, ¡suba la intensidad!

«¿Que suba la intensidad? ¡No puedo!», gritaba por dentro de mí ante mi incapacidad de articular palabra en ese momento.

—¡Más rápido! —me indicó mientras él subía la frecuencia de sus respiraciones haciendo que casi no se percibiera la diferencia entre la inhalación y la exhalación e invitándome con ello a seguir respirando fuerte y a su mismo ritmo de vértigo.

Aquello empezó a marearme. Mucho. Muchísimo. Seguí la respiración de Ken como pude mientras mi corazón empezaba a bombear sangre al resto de mi cuerpo a modo de emergencia. Deduje que no estaba entrando el oxígeno como normalmente suele entrar y tuve miedo de morirme allí mismo. No quería seguir. Aquello era espantoso. Empecé a escuchar un zumbido en mis oídos y a percibir que, de tanto en tanto, perdía la visión. Iba y volvía en lo que hoy en día creo que eran micro-desmayos, pero como la niña buena que siempre he sido, seguía allí obedeciendo y respirando en lo que había pasado de ser un tren a ser una olla a presión peligrosa. Una inhalación fuerte y dos exhalaciones tremendas. Así hasta que noté que el zumbido de los oídos ya no me dejaba escuchar nada, estaba a punto de perder el control. Iba a desmayarme. A apagarme para no seguir soportando aquello. Ya no veía y Ken no paraba, no me hacía ni la más mínima indicación de que me detuviera, no había opciones, tenía que seguir. De repente, me vi a mí misma dando a luz a mi hijo. Aquella era la respiración de un parto, un nacimiento que te obliga a llevar al cuerpo al límite. Recordé la primera vez que pasé por ello y noté a las claras cómo se resquebrajaba mi cuerpo ante los empujones que ordenaba la matrona. Cómo la obedecía y cómo, yo misma, me resistí a dar a luz, aunque no lo sabía. Cómo mi inconsciente hizo todo su trabajo e impidió que mi hijo naciera por donde debía transformando aquel parto en un proceso eterno que derivó en una cesárea que no era otra cosa que una operación donde un ángel me apagaba la conciencia para poder rescatar a mi hijo de los adentros de su propia madre. ¡Eso era! ¡Mi miedo a ser madre! Mi miedo a mi propio clan, a mi casa, a romper la familia que a mí me habían roto. ¡Te veo, miedo de mierda! ¡Ahora te veo! El parto de mi hijo era una pista para entender que yo no quería hacerle a él lo mismo. Que era mejor que se quedara dentro de mí que fuera. ¡No puedo creerlo! Estaba muy claro ante mis ojos ahora. Y no pude más, empecé a llorar como ese bebé recién nacido al que acaban de dar un tortazo como bienvenida a este mundo de mierda que hemos construido. Lloré sin consuelo, a chorros por mis ojos, tanto que por estar tumbada noté cómo mis propias lágrimas se metían por mis orejas hasta adentro, hasta mis oídos, haciendo que además de toparme con mis más profundos terrores me impidieran escuchar los sonidos de mi alrededor.

—No ha terminado —escuché que decía Ken en medio de mi torbellino de emociones y haciéndome volver a la tarea de respirar como una loca sin dejarme descansar—. No ha terminado, tiene que cerrar. ¡Siga respirando!

—¡No! —esto sí que se lo grité a pleno pulmón.

—¡Respire, Susana! ¡Empuje y empuje ahora! —me ordenó con voz firme sin darme opciones para variar—. ¡Respire!

Y obedecí una vez más y respiré todo lo que pude sintiendo que en ese momento se me iba por completo la vida. Sentí que moría, sentí que mi alma literalmente flotaba. Me salí de mi avatar, no cabía en mi traje biológico. Me elevé por encima mientras mi cuerpo se quedaba tumbado donde yo misma lo había puesto. Flotaba, volaba por encima de mí misma y a la vez sentía en el centro de mi estómago una cuerda que me unía a un cuerpo que pesaba. Pesaba mucho. Era pequeño. En ese momento supe que yo no cabía dentro. Que me apretaba. Y a la vez volaba.

Millones de imágenes pasaron por mi mente mientras yo era una pluma por los aires. Me vi a mí misma en el mismo bosque que cuando era pequeña, pero esta vez era la Susana con cuerpo de adulta que necesitaba de un loco para poder enderezar su vida. El bosque seguía allí, aunque esta vez tenía en el centro un lago. Y me vi caminar hacia el lago y sentarme en la orilla. Sola...

Sola.

Sola.

Sola.

Siempre, siempre, siempre sola. Sintiéndome eternamente sola ante la vida. Desamparada y observando desde mi fantasía, ahora flotante, que mi gran dolor era el miedo a la vida porque me sentía sola. Total y absolutamente sola y abandonada desde tiempo sin principio.

Mi experiencia volátil debió de durar cinco segundos, aunque para mí fueron horas en las que veía las imágenes de la soledad pintarse ante mí. Ya lo tenía. Todo lo que me ocurría era falta de valor. Miedo a la vida. Y lo observaba con claridad, pero sin emociones. Como quien ve una foto. Desde los cielos de mi experiencia pude ver lo que me bloqueaba en la vida y cómo era mi pobre avatar, mi personaje, quien lo padecía. Flotando era plena. Una mera observadora de un muñeco de trapo que decía llamarse Susana y tener una vida muy perra.

Aquello terminó sin más con un zumbido en los oídos que me indicó que caía hacia mi cuerpo de nuevo. Sentí el vértigo de la bajada justo como cuando estamos en la cama y tenemos esa sensación horrible de que vamos a caernos al vacío, pero abrimos los ojos antes de que ocurra sintiendo el mareo y el miedo de estamparnos, aun a pesar de estar tumbados y con la cabeza bien apoyada en la almohada.

Y se acabó.

—Muy bien. Hemos terminado —me dijo Ken, sacándome de mis conclusiones vitales—. Puede incorporarse cuando se encuentre bien. Tengo que contarle algo más antes de que se marche.

Me quedé un rato tumbada, no sé cuánto, no lo recuerdo. Lo suficiente como para intentar recuperar lo que yo llamaba cordura y que no lo era ni lo había sido jamás.

Al cabo de un rato, levanté mi cuerpo de aquella esterilla como pude. Me quedé sentada abrazando mis rodillas mientras sentía un enjambre de abejas sobrevolar mi cabeza. Curiosamente, a pesar del cansancio, me encontraba bien. No entendía del todo lo que había ocurrido, aunque no puedo negar que fue, en cierto modo, liberador. No sentía miedo o estrés alguno, aunque me hubiera tumbado, eso sí, a dormir durante veinte horas seguidas de haber tenido mi cama cerca, pero por supuesto, con mi capacidad de obediencia particular, me quedé a esperar qué más quería de mí aquel hombre que estaba marcando mi vida a fuego.

A los pocos minutos, Ken volvió al lugar en el que me había dejado y se sentó a mi lado como si ambos estuviéramos charlando relajados en la playa un día de verano. Me miraba con cara de padre que está a punto de decirle a su querida heredera «hija, algún día todo esto será tuyo» y, bueno, fuera de mi fantasía paterna con aquel hombre, lo cierto es que se limitó a darme instrucciones una vez más por si el día que habíamos pasado juntos me hubiera parecido poca cosa:

—¿Cómo se siente, Susana? —me preguntó directamente y me sorprendió sin una respuesta preparada.

—¿Que cómo me siento? Pues mire, no lo sé, aún estoy digiriendo todo lo que ha pasado...

—Procure no dar de comer a su mente. En ningún caso va usted a acertar con sus conclusiones.

—Y entonces, ¿por qué me pregunta?

—Le he preguntado cómo se siente, nada más. La respiración de fuerza aturde y libera, como ha podido comprobar. No quisiera ser tan descortés y no preocuparme de su estado actual. Eso es todo.

—Ya...

—Nos queda algo que cubrir antes de que se vaya. ¿Quiere adivinar cuál? —me dijo como poniendo a prueba mi atención sobre las lecciones que había compartido conmigo.

—Pues no sé de qué me habla... —Sinceramente, no tenía ni idea de qué me hablaba.

—Modificar la realidad, Susana... Se lo he dicho antes de comenzar el proceso de purificación que ha realizado. ¿Se acuerda?

—Ah, sí, me ha dicho que debo...

—A partir de ahora, va a aprender a alterar la vida a su antojo. Ese velo, tal y como usted lo ha llamado, se va a ir disolviendo poco a poco, dando paso a una percepción mucho más plena de su realidad. Recuerde que la crea usted solita y esa realidad puede responder a sus peticiones, pero necesita saber cómo.

—¿La intención...? —sugerí con timidez ante el terror de equivocarme de conclusión.

—Sí, la intención. No deje a su mente vivir en piloto automático, pues dominará su vida como ha hecho hasta ahora. Usted solo tiene que hacer el esfuerzo consciente de crear una realidad determinada. Respire con fuerza, con conciencia, durante unos minutos poniendo intención en lo que quiere crear. Y tenga mucho cuidado con pedir cosas para usted y solo para usted. Hay leyes inalterables en el cosmos. Entre ellas la del equilibrio. No se equivoque, usted no puede tratar al cosmos como un proveedor de caprichos. Usted solo puede eliminar las barreras que la separan de lo que ya existe ahí afuera para usted y le corresponde. Respirando con fuerza. Y poniendo la atención en lo que su alma necesita, no lo que su ego quiere. Así que medite, procure conectar con su interior y averiguar lo que necesita —me dijo con el mismo tono de voz con que un notario te lee un contrato de compraventa de una casa.

—¿Y mis manos? —pregunté recordando que era otra de las cosas que Ken había dictado en su lista de aprendizajes del día.

—En el fondo es usted atenta... —me sonrió.

—Sí, me ha dicho que tenía que utilizar la intención, el perdón, la respiración y las manos... Las tres primeras creo que las hemos visto, así que me falta saber qué pasa con mis manos.

—Sus manos están limpias ahora. Con la apertura del primer día y el proceso de hoy se encuentran preparadas para canalizar energía pura. Úselas a su antojo. Son una fuente más de alimento. Póngalas sobre el cuerpo de su avatar a cada dolencia que sienta. Reponga su propia energía, Susana, tan solo utilizando sus manos sobre las partes de su monigote que sienta que no funcionan bien. Tiene muchos indicadores para saber dónde ponerlas, el dolor es uno de ellos.

—¿Quiere decir que si me duele algo puedo curarme con mis manos?

—No. La energía que fluye por sus manos no la va a curar. Usted se puede curar sola, es muy diferente. Apoye sus manos sobre todos sus malestares e intente hacer que su avatar fluya correctamente. Solo es eso. Un cuerpo que fluye es un cuerpo fuerte que hace bien su trabajo. El concepto de curar es más bien occidental, me temo...

—¿Puedo ponerlas sobre mis pies? —pregunté con absoluta ansia por saber si aquel tesoro nuevo iba a sacarme de la pesadilla que me había llevado hasta él.

—Yo mismo se las puse sobre sus pies el primer día... Ahora puede hacerlo usted también. Procure respirar con intención y apoyar sus manos sobre su cuerpo. Su vida está condenada a cambiar ahora, Susana. Aproveche el momento.

Se levantó indicándome que la conversación y el día habían finalizado. Me acarició la cabeza como a una niña pequeña y se fue tan tranquilo dejando la puerta de la sala abierta a su paso. Aquello me invitaba a mí a abandonar la sala también. Y, querido lector, no le puedo contar cómo fue mi camino de regreso a casa porque no lo recuerdo. Solo tengo en mi mente una nube difusa que me sitúa dentro de mi coche de vuelta a mi hogar. Supongo que mi conciencia conducía por mí, ya que mi mente parece estar apagada y sin rastro alguno de aquel momento. Si hago el suficiente esfuerzo los recuerdos vuelven a aparecer en el momento en que aparqué delante de mi casa y abrí la puerta que me introducía en el espacio privado de mi urbanización. Mi terreno seguro. El sitio donde me esperaba mi familia. Familia a la que iba a contar una versión de los hechos muy diferente de lo que había vivido en mi segundo encuentro con Ken.

La misión

Cuando atravesé la pequeña puerta que separaba la calle de la zona privada de mi urbanización, me sentí insegura como siempre, pues me tocaba resumir mis hazañas en casa y temía no saber disimular del todo bien. Mi pobre marido se había quedado en casa maldiciendo mis nuevas aficiones así que, definitivamente, necesitaba una versión de lo vivido durante aquel día que fuera válida para niños y mayores; pero no podía pensar, estaba aturdida, agotada y muy poco dispuesta a discutir con nadie y mucho menos acerca de mi avatar, mi realidad o mi capacidad de perdonar, con lo cual, me dirigí hacia mi casa con la cara que más parecía la de un perro abandonado que la de una mujer de mi tiempo. A todas luces era mucho mejor perpetuar mi enfado con mi marido para que evitara hacerme preguntas que darle todas esas explicaciones, con lo cual decidí ejecutar esa estrategia inocente, pero que siempre me había resultado infalible, muy a pesar de mi supuesta madurez.

De camino a la puerta de mi casa sabía que tenía que pasar por el pequeño parque infantil que compartíamos los vecinos de aquella propiedad, y cuando lo hice divisé, sentada en uno de los bancos, a una mujer que estaba sola, sin niños que vigilar como hacíamos el resto de las madres cuando bajábamos a ese espacio lúdico a liberar a nuestros hijos que, cual toros en los Sanfermines, se abalanzaban sobre los columpios, lo cual nos daba la esperanza de que se agotaran para poder acostarles temprano por un día. Reconocí aquella figura en cuanto me acerqué más a ella... Era Celia.

—¡Celia! ¿Cómo estás? No sabes cuánto me alegro de verte —le dije con sincera emoción, puesto que ella era la que me había enviado a Ken y, por lo tanto, la única persona que podría entenderme en este lado de Madrid.

—Hola, Susana, ¿cómo te encuentras? ¿Va todo bien? —me devolvió el saludo y la sonrisa sin levantarse del banco y con una pierna cruzada sobre la otra mientras apoyaba medio cuerpo contra el respaldo, lo cual me hizo agacharme a su lado y tomar asiento en el espacio que quedaba a su derecha. No es que me invitara a hacerlo, es que yo aproveché mi oportunidad de charlar de nuevo con ella, aunque no quisiera. Era la dama de los misterios y, bueno, tenía parte de responsabilidad, así que la abordé sin miramientos.

—Sí, bueno, es todo muy extraño. ¿Qué haces aquí tan sola?

—Esperarte —me espetó sin más, dejándome estupefacta y devolviéndome a la realidad por muy prefabricada que fuera.

—¿Esperarme? ¿A mí? Pero si no te he dicho que venía al parque...

—Esperarte a ti, sí, para decirte que lo que has experimentado hoy no debe preocuparte, Susana. Sé que no lo entiendes, pero los seres humanos somos eso. Un poco de polvo...

—¿Polvo?... Perdóname, Celia, pero ¿cómo sabes lo que he experimentado hoy?

—Lo sé, Susana. Yo misma hice El Camino.

—Ya, pero no te he visto estas semanas, no sabías que hoy mismo iba a ir al centro, y ahora me esperas aquí, no sé, no me negarás que suena extraño...

—No tanto, no creas. Simplemente he sentido hoy que podría ayudarte. ¿Nunca has tenido ese instinto? ¿Con nadie?

—Sí, ahora que lo dices, a veces... sí —le contesté con sinceridad, recordando que ese impulso me era conocido. Era esa sensación que te indica en medio del pecho que alguien no está bien o que necesitas ponerte en contacto. A mí me pasaba con mi hijo, cuando se ponía enfermo y sentía que me iban a llamar de su colegio para indicarme que pasara a recogerle para llevármelo a casa y darle mimos y jarabes.

—Pues eso es todo lo que me ha pasado. No es tan raro. ¿Esperabas otra cosa? Quizá piensas mucho, ¿no crees? —me dijo tan tranquila, aunque la casualidad me hacía pensar que aquello tenía que ser una broma. Empezaba a parecerme que estos personajes que habían aparecido en mi vida estaban compinchados. Otra vez alguien me decía que pienso mucho y cierto era que no se equivocaban, aunque me resultaba intimidante que me hicieran los mismos comentarios en todas partes últimamente. Aquello me hizo dudar de Celia por un momento, pensé que había picado y que ella trabajaba para Ken, quien le encargaba captar personas que asistieran a su centro con el fin de taladrarles las ideas y engancharles para siempre a su secta maligna.

—Tranquila, Susana, no tengo nada que ver con Ken. No temas... —dijo como si hubiera escuchado lo que estaba yo pensando.

—¿Me lees la mente, Celia? —le pregunté con inocencia, pero con la verdadera duda de si conseguía acceder a los adentros de mi cerebro. Ella veía muertos, la idea no me pareció tan descabellada.

—Te leo la cara. Deja de imaginar superpoderes en todos, se nota mucho que estás desconfiando de mí en este momento. Relájate, ¿quieres?

—Vale. Lo siento, es que todo es tan raro. Fui al centro a conocer a Ken y, si te digo la verdad, está siendo todo como una película de Hollywood.

—Supuse que lo harías. ¿Te sientes mejor? El Camino no es para todo el mundo.

—Pues me siento aturdida, no veo las cosas con claridad. Mi dolor mejoró, pero volvió y hoy, pues no sé, Celia, hoy ha sido extraño. He tenido como un parto...

—Sí, es un renacimiento más bien.

—¿Renacimiento? ¿Tú viviste lo mismo?

—Claro, el proceso en El Camino es igual para todos, la única diferencia es llevarlo a término o no. Y tú lo has alcanzado, te felicito. Supongo que irás el último día que te queda. Otras personas no lo completan.

Me acordé de Sandra y de Ana.

—No sé, Celia, esto me está afectando mucho. Mi marido está siempre enfadado conmigo, el cuerpo me duele, cada vez que veo a Ken me revuelve las tripas y, si te digo la verdad, no sé si puedo seguir soportando el aroma de incienso que me persigue por todas partes.

—Estás acercándote a la Fuente, Susana —me dijo rememorando nuestra primera conversación—, te estás quitando capas de porquería. Quien debe surgir de entre esas capas es tu verdadero Yo.

—Acercándome a la Fuente...

—Sí, a tu molde original, ¿recuerdas? Todo lo que te está pasando es que te estás abriendo a otro concepto de la vida. Tu marido también responde a tu creación, así que se comporta como un cliente al que están echando del bar que frecuenta. Está molesto porque tu transformación le saca de su comodidad. Para qué adaptarse él, ¿verdad?, pudiendo reclamarte a ti que no crezcas, que no evoluciones, que seas lo que él ya conoce y domina.

—Ostras...

—No es que le vayas a perder, Susana, es solo que adaptarse a cambios tan grandes cuesta mucho. Trátale con amor y dejará de darle importancia. Piensa que hasta él está en su propio proceso, experimentando la experiencia de ser humano sin saberlo... y los humanos somos así, no le des más vueltas. Todo lo que estás aprendiendo le incluye a él. No hay excepciones. Puede que tú ahora tengas los ojos algo más abiertos, pero antes eras como él. ¿Recuerdas? Y, bueno, él sabrá a qué ha venido a esta vida contigo. Quizá a que tú le impulses. Y si crecer te duele a ti, también le duele a él. De momento se niega al cambio. Como lo hacías tú hasta que tuviste tu momento de ruptura. Cuando se abrió una grieta pequeña dentro de ti.

—Ya, bueno, ya he oído eso antes —le dije recordando a mi querida maestra budista y su templo de la paz.

—Es la verdad. ¿Acaso crees que esto que estás viviendo no estaba planeado? Venga, Susana, tú misma me diste una charla inmensa el día que nos conocimos. Lees y lees, pero no te enteras de lo que pone. Crees que no va contigo y ahora te está tocando experimentar lo que tú misma elegiste. Cálmate, porque nadie lo va a evitar. Da igual que te escondas. Tienes que abrirte en esta vida y es lo que está pasando, así como tu marido tiene que verte abrirte Dios sabe para qué. Quizá para que plantes una semilla en él que le impulse en su proceso.

—¿Me quieres decir que yo misma me he hecho esta encerrona?

—Aquí tenemos a Susana, la que presume de leer a los sabios de todos los tiempos sin coscarse lo más mínimo de sus enseñanzas —me dijo en tono de burla—. Claro que tú misma te has planeado esto. Antes de venir. ¿Qué crees, que nos caemos en un traje humano por accidente? ¿Que estamos en el cielo jugando a la peonza y, de repente, tropezamos y nos caemos aquí y quedamos atrapados como en un pozo? Pues claro que lo eliges.

—No sé si tengo capacidad para rebatir esto ahora mismo, Celia —dije agachando la cabeza y maldiciendo por dentro todas las veces que había comprado incienso para hacerme la espiritual ante los demás.

—No te enfades, no pretendía burlarme. Eres infinitamente más inmensa de que lo que crees. ¿Quieres que te enseñe cómo leerte por dentro? —me dijo en un tono maternal, intentando reducir su tono sarcástico.

—¿Leerme por dentro? ¿Qué es eso?

—Cuando dejas de identificarte con tu muñequito de trapo, con tu avatar, como dice el maestro Ken, ¿qué queda?

—Pues yo, en estado puro. ¿No?

—Sí, tú en estado puro. Es cierto. Se le llama Yo Superior, aunque se le ha dado muchos otros nombres a lo largo de la historia. Un ser que no tiene etiquetas. Ni tan siquiera mente. La mente es para el monigote, para que recuerde ir al súper mañana y llenar la nevera. El Yo Superior es energía pura. Conciencia pura. Es el conductor de tu coche, el fantasma que vive en tu muñeco de trapo. El que decide por voluntad propia meterse en tu traje. El traje le da cuerpo y mente al Yo Superior.

—Ya, ¿y es accesible? Vamos, porque si se encuentra debajo de mi mente no veo la forma de traspasarla. No sé cómo pretendes leerme por dentro. ¿Tienes algún escáner? —le dije intentando arrancarle una sonrisa y devolverle el tono de burla que ella empleaba conmigo.

—Sí. Mira.

Y, sin más, sacó una bolsita de su bolso. Era como un saco pequeño de color violeta. Parecía hecho de raso y tenía un lazo dorado con el que, al tirar, se cerraba haciendo las veces de cerradura de tela.

—¿Qué es eso? —le pregunté con mucho interés sobre lo que había dentro de esa bolsita misteriosa.

—Una herramienta cuyo origen se pierde en los confines de la historia, Susana. El mejor escáner que vas a conocer, el tarot.

—¿El tarot? —pregunté casi gritando con todo mi asombro—. Celia, no hay nada que me crea menos en esta vida que el tarot. Lo siento —le dije de forma abrupta mientras mi corazón se encogía recordando a una persona muy cercana a mí que tuvo serios problemas con ese juego de cartas supuestamente adivinatorio. Persona a quien hubo que anular la línea telefónica porque tuvo una verdadera adicción que le llevó a la ruina. Persona de la que no me toca hablar aquí, pero que me enseñó que ciertas tomaduras de pelo salían muy caras y que pagabas mucho más que dinero por ellas. Esta persona perdió su dinero, su matrimonio y su familia. Además de quedar marcada en la operadora telefónica como «grave adicta», a quien hubo que prohibir la posibilidad de marcar estos números demoniacos que se anuncian por la noche en todos los canales de televisión intentando captar incautos con insomnio que, presos de la depresión, buscan cualquier píldora de la felicidad, aunque sea una falacia y les cueste cinco euros por minuto la broma. Así que, gesticulando mi rechazo con las manos, me opuse de forma tajante a que me mostrara las cartas. Ni en broma. No pensaba pasar por esa experiencia en mi vida.

—¿Qué te pasa, Susana? ¿A qué temes tanto? —me dijo ella ante mi inesperada reacción de rechazo.

—¿Temer? A que me crea lo que me vas a decir con esas cartas. No traen nada bueno, Celia, puedes engancharte a sus mensajes que, casualmente, suelen ser malditos o anuncian cosas graves para que luego tengas que pagar a una pitonisa cualquiera por limpiarte tus energías.

—¿Tengo cara de pitonisa?

—No, pero no me gusta el tarot. Ni ningún juego de adivinación. No quiero que me leas las cartas, Celia. No tengo ningún interés en hablar con mi Yo Superior si esta es la única vía —le dije, ahora sí, con todo mi sarcasmo.

—No es lo que crees, Susana. El tarot se pierde en la noche de los tiempos. Ha sido utilizado por las más destacadas figuras de la historia con un único fin...

—Ya lo sé, adivinar el futuro y saber a qué país conquistar para aumentar la grandeza de los poderosos. No me digas más —concluí en un alarde de forzada superioridad que, de nuevo, me dejaba en evidencia ante la única mujer del planeta que podría comprenderme.

—No. Te equivocas una vez más —me dijo con la expresión más seria que le había visto hasta ahora—. Se ha usado desde siempre para lo único para lo que sirve, el autoconocimiento.

—¿Cómo?

—Lo que oyes. Jamás ha sido concebido para leer futuro alguno, Susana. Vamos, no seas tan tonta, ¿qué futuro tuyo pretendes explorar? ¿Acaso existe?

—Yo qué sé... Te prometo que ya no entiendo nada de lo que me quieres decir, Celia.

—¡El futuro, Susana! ¡El futuro! ¿Crees que es una caja guardada en algún lugar del cielo? ¿Que está escrito y tallado en piedra? ¿Crees que el tiempo es una línea continua? Pues no lo es. El tiempo también es un invento de tu mente.

—Como todo...

—Tienes un hijo, Susana. Obsérvale a él, pues en su condición de niño está aún más cerca de la Fuente que tú. ¿No recuerdas cuando aprendió a distinguir el ayer del mañana?

Y recordé que sí, que tenía razón, que cuando mi hijo tenía más o menos tres años aprendió a distinguir los diferentes momentos del tiempo que usamos los adultos, lo que era el ayer y lo que era mañana. Recordé que mi marido y yo nos reímos mucho por aquel entonces pues nuestro hijo a todas horas del día decía «esta mañana vamos a ir a cenar» o «esta mañana estuvimos de vacaciones en la playa» sin saber bien a qué se refería cuando decía eso. Me di perfecta cuenta de que para mi hijo la línea del tiempo había sido aprendida.

—Pues sí, mi hijo siempre decía que todo ocurría «esta mañana». Daba igual que su recuerdo fuera de hace días o incluso meses.

—¡Claro! Los niños no saben de pasado ni futuro. Ellos viven continuamente en el momento presente. Lo único que hay. El eterno presente, Susana, eso es todo. Tú solo estás en ese momento. El pasado no es real, ni el futuro. ¿Cómo pretender adivinarlos?

—Vale, Celia, no hay futuro que investigar. Supongamos que te entiendo, pero entonces, ¿qué narices quieres hacerme con el tarot?

—Leer tu conciencia pura, Susana. Tu Gran Plan. Ese gran plan donde tienes una misión de alma. No es más. Nada de lo que diga el tarot es inalterable. Con tu libre albedrío lo puedes cambiar. Modificar tu realidad para desplegar tu misión. Tu propósito de vida. En realidad, leemos el tarot para que nos dé pistas de cómo de lejos estamos de esa misión, de nuestro molde original. Con sinceridad, Susana, no me parece tan descabellado. Lo único que te separa de ese libro de la vida que llevas escrito en tu Yo Superior es tu mente. Esa imbécil que no para de hablarte. ¿Tan raro te parece que ese conductor de tu coche encuentre vías para manifestarse con su marioneta, con tu personaje, con la Susana que crees ser?

—Mi misión...

—Sí, Susana, sí, tu misión. Lo que has venido a hacer a este puñetero planeta.

—Me siento una extraterrestre, Celia.

—Lo eres en cierto modo. —Y sonrió mientras lo decía, lo cual me hizo dudar de si hablaba en serio. Decidí no preguntarle nada acerca de esa apreciación. Lo que me faltaba era ya volver a mi casa creyendo que ET el extraterrestre era mi primo hermano y que mi marido me pusiera las maletas en la puerta. A todas luces elegí el menor de los males: conservar mi matrimonio.

—¿Me dejas que te enseñe entonces? —me preguntó ella directamente sabiendo que, en ese momento, yo estaba empezando a bajar la guardia—. ¿Quieres saber quién eres o no?

—Pero ni una mención a accidentes, ruinas, enfermedades o nada que tenga que ver con mi hijo, por favor. No quiero sufrir, Celia. Me creo todo lo que me cuentan...

—No es verdad, Susana. No te lo crees todo. Es tu corazón de niña que se emociona ante las novedades, pero tienes discernimiento. Y mucho. Solo hay que hablar un ratito contigo para darse cuenta.

No estaba mal que por primera vez en semanas alguien dijera algo bueno sobre mí. Piense, querido lector, que desde que experimenté los primeros vestigios de mi despertar espiritual no había hecho sino toparme con personas y lecciones que ponían en evidencia mi vida, mi carácter y mi existencia. Sin embargo, en este momento Celia estaba dándome una palmada en la espalda. Creo que supo muy bien qué decir para que accediera a que desplegara sus cartas en aquel banco delante de mí.

—¿Qué te gustaría saber, Susana? ¿Qué implora tu pequeño ser en silencio por las noches? Seguro que hay algo...

—Sí. Sí que lo hay.

—Vamos, dilo en voz alta.

Titubeé, tenía muy clara la pregunta que quería hacer a Celia en aquel momento, pero no me salían las palabras. Mi cuerpo estaba agotado y mi mente imploraba meterse en la cama a campar a sus anchas, era otro esfuerzo más que tenía que enfrentar en aquel día tan extraño para mí. No obstante, lo hice. Saqué fuerzas del fondo de mi corazón y le formulé a Celia lo que quería saber.

—Celia, pregúntale a tus cartas... ¿qué pinto aquí? ¿Qué narices he venido a hacer? ¿Por qué he tenido que sufrir tanto en la vida? ¿Para qué?

Y Celia, sin más, barajó sus cartas sin parafernalia alguna. Me pidió que cortara la baraja por donde me apetecía y me dejó a mí misma separar los montones. Era increíble. Tanto tiempo maldiciendo aquel juguete y una vez más sucumbía a las explicaciones de cualquiera y me dejaba llevar. Sentí el ansia de tener una respuesta. La creía. Creía que era cierto que ella no iba a timarme a cambio de limpiarme un mal de ojo. Y el caso es que, aún hoy, no entiendo por qué lo hice. Pero lo hice. Me dejé leer el tarot intentando saber por qué mi vida había sido tan dramática. Por qué había venido aquí a quedarme sin familia, a no ser querida por casi nadie, a sentir el desprecio, a empastillarme, a deprimirme por todo y a no saber conservar ninguna relación. Mi dolor era el amor. El amor de los demás hacia mí. Por qué terminaba siempre sola. O me sentía siempre sola aun estando rodeada de gente. ¿Por qué?

Ella desplegó siete cartas encima de aquel banco. Las colocó como haciendo una cruz. Cuatro en vertical y tres en horizontal. No me pida, querido lector, que le diga qué cartas eran, porque ni lo recuerdo ni lo pretendo. Los dibujos que se veían en ellas eran muchos y de muchos colores. Algunos tenían personajes, otros solo símbolos y todos eran ininteligibles para mí. Era como mirar un cuadro de un pintor impresionista. Muchos colores y cuanto más te acercabas al lienzo menos evidente era la forma que dibujaban. Así que allí estaba yo, esperando a que Doña Misterios se pronunciara o me leyera por dentro con la facilidad con la que todo el mundo se colaba en mi vida.

De repente, habló:

—El alma solo tiene una misión, Susana. De hecho, es la misma para todos. La misión es el amor. No hay otra sustancia en el universo. Debes aprender a amar.

—¿Amar? Yo quiero mucho a la gente... mucho más que ellos a mí. Es mi sino de siempre.

—No. Amar incondicionalmente. Sin juicios. Es, como te digo, universal. La misión de todo ser vivo. No es tu tara. Tampoco es tu meta. Es lo único que debe ser. Amar a todo y a todos, Susana.

—¿Y qué hay de mi vida? ¿Qué dice mi Yo Superior en sus cartas? —le pregunté, ahora sí con impaciencia.

—Dice que vas bien. Muy bien, de hecho. Tu avatar está abriendo los ojos, pero aún no conoce su propósito.

—Mi misión...

—No, su propósito. La misión es para todos la misma: Amar. El propósito es la herramienta con la que puedes conseguirlo, es algo con lo que encarnamos en el pequeño avatar que habitamos. Debes descubrirlo, ¿ves?, lo pone aquí —y señaló una carta con una señora sentada en un trono. Sinceramente, querido lector mío/a, no tengo ni idea de la asociación de hechos que pretendía demostrarme. La señora del trono parecía una reina. Y con la cara muy seria, dicho sea de paso.

—Si tú lo dices será que lo pone...

186

—No pone más. Solo que sigas por dónde vas. Que descubras tu propósito en esta vida. Sigue las pistas de tu dolor, busca. Se ve que estás muy cerca. Creo que Ken tiene algo que contarte acerca de eso todavía.

Y recogió las cartas sin más, dejándome con ganas de más información que la que me había dado.

—¿Y eso es todo? —le pregunté.

—¿Qué esperabas? ¿Que te diera el número de la lotería? Esto dice lo que tienes que oír. Nada más. Si pretendías una lectura como las que advierten de no ir por la carretera del norte porque te vas a morir estampada contra la mediana te equivocabas.

—Vale. Pues me quedo como estaba. Tengo que decirte la verdad.

—No, Susana. Eso nunca es así. Tú has formulado su pregunta. Por qué siempre tan sola. Y las cartas te han dicho que vas bien. Que descubras a qué has venido aquí para lograr entenderlo. Me parece un trato justo. Lo que no van a hacer es trabajar por ti. El Camino es tuyo y solo tuyo. Y tú eres tan libre que puedes o no transitarlo. —Y me sonrió como sonríen las madres a sus hijos cuando les acuestan en la cama limpios, alimentados y protegidos.

Sentí que debajo de su elegancia me estaba tratando con cariño. No puedo negarlo, invertía su tiempo en mí a cambio de nada. Quizá porque su propósito de vida era ayudar a otros a enderezar su Camino.

—Me voy. Mis hijas cenan en casa conmigo. Quieren que juguemos a las cartas. Pero no te emociones, nos gusta la baraja española. En casa solo sacamos el tarot cuando alguna lo necesita. Por lo demás, somos bastante normales —dijo levantándose del banco y atusándose la ropa mientras me sonreía de medio lado con complicidad, intentando que yo captara la broma.

—¿Cómo se llaman?

—¿Quiénes?

—Tus hijas, Celia. ¿Cómo se llaman?

—Pues la mayor se llama Shiva, la segunda se llama Martina y las pequeñas se llaman Lirio y Sol, son mellizas, vinieron por sorpresa un año antes de separarme. Y, bueno, yo no tengo más hijas, pero ellas es posible que tengan más hermanos. Quién sabe —dijo sonriendo y haciéndome entender que la razón por la que había dejado a su marido era su falta de lealtad con su clan.

—Son afortunadas. Tienen una madre que puede ayudarlas mucho.

—No creas. Ellas me abrieron los ojos. Las mellizas tienen dones que yo conozco muy bien. Tuve que aprender a enseñar y eso me costó muchas noches sin dormir. Hay talentos que hacen la vida menos llevadera.

—Ya... —fue lo único que acerté a pronunciar mientras entendía que sus dos hijas pequeñas también tenían la capacidad de hablar con lo que ella misma había llamado seres no encarnados—. No obstante, han nacido a través de una madre que sabe muchas cosas, Celia. Si hubieran nacido a través de mí, probablemente terminaría atrofiándolas.

—Qué va. Ya aprenderás más cosas sobre los hijos y las madres. Nada es casual, pero tienes que dosificarte, has tenido un día duro y aún te queda llegar a tu casa e inventarte algo que tu marido tolere, así que es tiempo de irnos a casa, Susana, que descanses.

—Tú también, Celia. Disfruta de tu partida de cartas.

Y sin más se fue caminando por el camino que la llevaba hasta la puerta de su casa. Se perdió de mi vista al alejarse del parque y yo me dirigí a la puerta de la mía con la esperanza de que esa noche no se torciera con mi familia.

Crucé la puerta de mi casa intentando sostener con la mente el muro de mi propia defensa, imaginando que mi marido y mi hijo iban a venir a por mí y destrozarme a preguntas y debates acerca de mi supuesto curso antiestrés que me tenía tan embobada, pero no fue así. Cuando cerré la puerta de mi casa a mis espaldas no se escuchaba ningún ruido. No había nadie en la casa y se notaba porque la ausencia de sonidos me parecía aún más desconcertante que la idea de tener que defender mis nuevos hobbies a gritos con mi marido. No me gustaba no tenerles cerca. Nunca me ha gustado. Aunque siempre he dado señales de ser muy independiente, lo cierto es que me gusta tener a mi gente cerca, y esa noche todo apuntaba a que iba a cenar sola, con toda probabilidad escuchando alguna tontería en la tele.

Cuando llegué a la cocina, de la puerta de la nevera colgaba una nota: «Nos vamos al cine, mami». Ya está, misterio desvelado. Habían decidido aprovechar el sábado en mi ausencia. Me alivié, pues en algún momento mi mente dibujó el abandono como una de las razones por las cuales no había nadie en la casa. Pero no era eso, mente loca, no era eso. No hacía falta que me asustaras.

Me hice un sándwich para cenar. La comida no era lo mejor que estaba sucediendo desde que visitaba a este maestro japonés y la verdad es que yo tampoco hacía muchos esfuerzos por mejorar mi alimentación. Algo me impedía comer, quizá un

189

dolor en la boca del estómago. No lo recuerdo bien. Así que comí lo que pude y me tumbé en el sofá a repasar mentalmente los acontecimientos del día hasta que me dormí, presa del agotamiento y la excitación. Me dormí en el sofá y recuerdo a la perfección que soñé. Soñé en colores y sonidos. Soñé con mi cuerpo tumbado y soñé que otra parte de mí volaba por la casa. Atravesaba paredes, flotaba en el aire, bajaba en picado y volvía a subir. Y lo viví de una forma tan real que, en efecto, podía observar que mi casa era mi casa tal y como yo la conocía, y mi cuerpo era mi cuerpo, aunque la sensación era de estar dentro de un sueño, no en una realidad como había sucedido aquella tarde al lado de Ken, si es que había alguna diferencia entre ellas. Finalmente, me desperté y mi cuerpo estaba justo donde lo había dejado, conmigo dentro y con la duda hasta hoy de si volví a salir de mi avatar aquella noche. Creo que no lo sabré jamás con certeza. Hay quien dice que nos salimos cada noche, todos, mientras soñamos. No sé si es cierto, aunque a Dios pongo por testigo que lo parece.

El sendero sin fin

Tengo que reconoce que lo mejor de mi vida en aquellos momentos era que, poco a poco, me estaba olvidando de mi situación exterior. Exceptuando a mi marido, y entiendo que por un tema obvio de cercanía y cotidianidad, el resto de personas que me rodeaban empezaban a desaparecer de mi mente y hasta de mi vida. No me entienda mal, querido lector, no es que no tuviera relaciones buenas con amigos o familiares, sino que, en mi infinita ignorancia, mi mente había estado muy ocupada dando de comer a la gente que me hacía la vida imposible en lugar de la que me la hacía agradable. Yo era una experta en obsesionarme con quien no me quería en lugar de enfocar mi mente a quien sí que me quería, no obstante, el universo, Dios, mi Yo Superior o quien quiera que fuera empezó a ponerme las cosas más fáciles a partir de las últimas aventuras de mi vida.

El lunes siguiente, a los dos días exactos de mi segundo encuentro con Ken, me dirigía al trabajo como siempre conduciendo mi coche por la apestosa M-30 sin pastillas a las que agarrarme y con el dolor de mi pie, que ahora iba y venía de forma intermitente para decirme que algo marchaba mejor, pero que todavía no se había solucionado. Llegué a la oficina en la que estaba desgastando mi alma, cojeando, y como cualquier día me dispuse a aislarme haciendo llamadas telefónicas, papeleos, ofertas y otras diversas actividades que odiaba a muerte, cuando comencé a escuchar cierto revuelo por los pasillos mugrosos del estercolero que se las daba de multinacional de prestigio.

—¿Qué ocurre? —le pregunté a Sara, la única compañera que me hablaba y me soportaba mis petardeos espirituales cuando me la tropezaba por los pasillos—. ¿Ha pasado algo?

—Creo que hay limpieza general —me contestó, dándome a entender que una o varias personas estaban invitadas a abandonar el barco por nuestro querido director. Vamos, que estaban despidiendo a alguien en el despacho de al lado y a juzgar por el revuelo, debía de estar siendo bastante difícil concluir aquella operación.

—Anda, pues nada, ya nos enteraremos.

—Sí, mejor volver a nuestro sitio que están las cosas calentitas hoy por aquí. Dicen los jefes que no tenemos buenos resultados —me explicó Sara que, de seguro, tenía más información que la que estaba compartiendo conmigo.

—Sí, mejor volvamos a nuestro trabajo.

Y me fui de nuevo a mi despacho sabiendo que era cierto, que en aquella empresa nadie tenía buenos resultados porque nadie estaba motivado. El ambiente era maligno y el producto que vendíamos una soberana porquería. Supongo que tocaba prescindir de gente que no estaba siendo del todo productiva, así que me fui a mi sitio sabiendo que yo iba a ser la siguiente. No tenía cifras para defender mi permanencia en aquella oficina, ni ganas de salvarme de aquella quema de brujas. Así que me vine abajo, como una víctima que espera a su verdugo, y aguardé en mi mesa a que sonara mi teléfono indicándome que había llegado el momento de personarme en el corredor de la muerte.

¡Ring!

Por supuesto, el teléfono no tardó ni diez minutos en sonar. Levanté el aparato y con la voz más seca y grave que pude poner contesté de la forma más parca posible:

—¿Sí?

—¿Susana? ¿Es usted?

—Si, dígame. —Se trataba del director general de ventas.

—Venga a mi despacho, por favor.

—Claro. Ya voy.

Y el sonido de su aparato cortando la comunicación sonó en mi tímpano recordándome al cargador de una pistola preparada para ejecutar a su presa. Iban a despedirme, así que decidí tomarme unos segundos para hacer caso de las enseñanzas de Ken y respirar unas cuantas veces con intención y conciencia. Conciencia de calmarme. Conciencia de tragarme aquel sapo de la mejor manera posible. No quería sufrir por mi amor propio. No quería sufrir el tortazo que le suponía a mi ego sentirse expulsado una vez más de su círculo por muy sucio, destartalado y abandonado que estuviera. Era mi círculo. Por un segundo me dio pena verme fuera de lo que tanto había maldecido. Me parecía el sumun de la miseria que aquella empresa tan horrenda decidiera prescindir de mí, convirtiéndome en la repudiada una vez más. ¿Dónde me situaba que aquella organización tan triste quisiera no verme más por allí? No se podía caer más bajo. Así que respiré con la intención de que, fuera lo que fuera, no me hiciera daño. Hice caso a mi maestro, aunque he de reconocer que fue por desesperación. Ni siquiera sabía cómo alterar aquella realidad a mi antojo como él me había enseñado pues, aunque no se lo crea, en ese momento en que me vi en peligro, ni siquiera sabía cuál era ese antojo.

—¿Se puede? —dije, educada, al abrir la puerta del despacho de mi duro jefe.

—Sí, pase por favor. Cierre. Tengo que hablar con usted.

—Claro. Dígame —dije haciéndome la tonta.

—Susana, hay que hacer algunos cambios en esta empresa. Como sabe, no tenemos buenos resultados y usted es parte del equipo de ventas. No creo que haga falta que le exponga las cifras.

—Ahá —no me salió expresión mejor.

—No pienso tolerar esta falta de cohesión en el equipo. Ustedes están aquí para traer dinero.

—De acuerdo —dije—, me queda claro el mensaje...

—No. No creo que lo tenga claro —espetó interrumpiendo mi frase hecha—. He decidido sacar del equipo a Carmen, a Teresa y a todos los que llevan aquí más tiempo que usted, Susana. Eso la excluye por el momento. Vamos a reformar el equipo y queremos que se quede. Necesitamos aires nuevos y debemos empezar por las personas.

—¿Me excluye?

—¿Se extraña?

—Sí, por un momento pensé que...

—Mire, Susana, «penseque y creique son primos hermanos de tonteque». —Le juro que literalmente me dijo esa frase que escuchaba por primera vez en mi vida.

—¿Perdón?

195

—No vuelva a mantenerme al margen de ningún problema entre ustedes, ¿queda claro? He sabido que no ha estado usted precisamente integrada. No era consciente. Le pido disculpas en nombre de la organización. La fichamos para ganar, Susana. Nunca vuelva a dejarse algo así dentro. No somos los mejores, pero estamos luchando por serlo. Y aquí solo caben los mejores. No quiero a nadie en mis filas que excluye a compañeros, los difaman y les mantienen aislados como si tuvieran alguna enfermedad contagiosa.

—¿Cómo lo sabe? —pregunté del todo sorprendida.

—Porque es mi labor, Susana. Y porque no todo el mundo le tiene desprecio aquí. Usted hizo un proceso de selección brillante. Haga honor a su experiencia y cómase el mundo. Tiene todo mi apoyo.

—Sara...

—No importa quién, Susana. No pienso admitir vejaciones sobre nadie. La quiero a pleno rendimiento. ¿Me ha entendido bien?

—Sí, perfectamente.

—Puede irse. La semana que viene se incorporan cuatro personas nuevas. Espero que sepa darles la bienvenida que merecen.

—Gracias. Sí. Cuente con ello —le dije casi sin poder modificar la expresión de sorpresa de mi cara.

No podía creerlo. Echaban a todo el equipo de compañeros que yo tenía. Los mandaban a la calle. A todos menos a mí, que tanto había criticado aquel estercolero. Adiós, Carmen; adiós, Teresa; adiós a todos los que me habéis mantenido aislada y asqueada todo este tiempo. Sentí una mala euforia por aquella noticia. No pude reprimirla, sé que no era correcto, pero me alegraba, me sentía vencedora, anonadada. ¿Aquello lo había hecho yo respirando un poquito? ¿Estaba creando esa situación por primera vez en mi favor? ¿Era la ley del equilibrio? ¿La atracción? ¿La divina justicia? Lo cierto es que me daba igual. Se iban los malos y mi jefe, un hombre que solo me llamaba para enseñarme gráficos de resultados y pedirme más y más ventas, por primera vez me daba la batuta ganadora y me decía que se me había tratado mal y que aquello terminaba. Increíble, pero cierto.

Imagine por un momento cómo me quedé. Imagine la sensación de alivio que corrió por mis venas. Nadie más iba a despreciarme, al menos por el momento, porque esta vez salía yo ganando. Me pareció maravilloso el poder que sentí por mis venas. La sensación de que era cierto que podía poner intención en la realidad en la que estaba metida y modificarla a mi favor; así que decidí practicar todo el rato. A cada hora, cada segundo. Ya le he contado que siempre he sido obsesiva y, claro, ahora con resultados me parecía maravilloso practicar la intención, la respiración y la meditación todo junto para obtener resultados positivos en mi vida. ¡Otra vez con un juguete! Qué alegría, no se lo voy a negar. Me sentía feliz, libre de cargas pesadas y con un nuevo entretenimiento que funcionaba.

Los días posteriores a aquella noticia liberadora puse mucho empeño en practicar todo lo aprendido. A mi nuevo entretenimiento de respirar con conciencia cada día le añadí la técnica de las manos que me había enseñado Ken. Cada noche, antes de acostarme, exploraba las sensaciones de mi cuerpo en silencio y ponía las manos allí donde notaba que tenía algún dolor o alguna tensión. Se convirtió en mi rutina aislarme unos minutos antes de irme a la cama para poder recargar mi energía y ayudar a mi cuerpo a sanarse antes de dormirme, eso sí, dedicando una parada especial en mi pie cada día, sin excepción. Colocaba mis manos a cada lado de mi empeine y respiraba con intención y conciencia por deshacer el nudo de energía que se había formado en mi pobre pie durante tanto tiempo que había terminado por densificarse en un neuroma terrible. Tenía mucha fe de repente. Esperanzas de que aquello funcionara y muchos deseos de verme libre por siempre de aquella pesadilla, lo cual hacía que cada día me sintiera un poco mejor. No tomaba pastillas, así que he de confesarle que también tuve algunos momentos de flaqueza en que me pudo el miedo de no sostenerme por mí misma, pero los superaba; cuando aparecían los pinchazos del pánico y el estrés los observaba como si no tuvieran nada que ver conmigo y los aplastaba con mis manos y mi conciencia recién adquirida de que era mi avatar quien se estaba quejando y no yo. Y les reponía su energía con los ojos cerrados y, cómo no, con un ambiente propicio para ello. Empecé a usar el incienso como un compañero de aventuras. Un aroma que me invitaba cada día a concentrarme en mí misma. Un disparador de que era el momento de mimarme. De estar a solas. De quererme. De darme la paz que merecía, aunque no lo consiguiera siempre. Mi querido amigo incienso, qué poco te había entendido. Ahora sé que con tu olor me ayudabas a viajar a mis adentros. Hacías sonar la campana avisándome de que había llegado el momento de cuidarme. Me condicionabas como Pavlov a su perro y me hacías conectar con la paz a través de mi olfato, sentido que había ignorado toda mi vida hasta que te conocí. Por fin te sacaba partido más allá de demostrarle al mundo que me había vuelto una mujer espiritual. Como si eso importara más allá de mi pobre ego que cada día estaba más debilitado.

Empecé a agradecer en mis prácticas. Cuando me encerraba a realizar mi faena sanadora, mientras reponía mi energía y respiraba, recitaba agradecimientos sinceros a todo lo que me estaba ocurriendo. Era increíble cómo se invirtió mi sensación de ignorante y tarada con problemas por la de mujer agradecida de sus heridas. Y todo porque habían echado a dos de mis monstruos de diario de mi vida, y porque en cuestión de semanas vivía sin drogas y mi cuerpo estaba empezando a recuperar sus funciones.

Bien mirado, yo no tenía más cosas que antes, sino menos. Estaba restando tensión y obsesiones a mi biografía y, por primera vez en mi vida, empezaba a darme cuenta de que no necesitaba objetos nuevos, estupefacientes o estimulantes de ningún tipo para aguantar el día. Tan solo conectar conmigo misma, relajarme y reponerme cada día, lo cual también empezaba a ayudarme con mi marido, pues puestos a restar también se empezaban a ir algunas rabias históricas que yo había acumulado. No tuve ningún problema aquella semana con él. Así que procuré mantener la paz en el hogar sin mencionar demasiado mis intenciones de terminar El Camino. Era mejor vivir en paz que teniendo la razón, cosa que empezaba también a vislumbrar tras la cortina de mi cabezonería extrema. Y, poco a poco, empezaba a conseguirlo, devolver la paz a mi casa y contribuir de nuevo al bienestar de los miembros de mi clan, a los que yo amaba con locura por muy fruto de mi creada realidad que fueran.

No lo dude, querido lector, decidí sin vacilación ir a ver a Ken de nuevo. Por extraño que parezca, en cosa de siete días empezaba a notar los efectos de aquellas experiencias y sentí que debía concluir lo que había empezado. Acabar El Camino, significara lo que significara, así que, ni corta ni perezosa, le pedí a mi marido tiempo libre una vez más para lograrlo. Reconozco que hasta ensayé las palabras que le dije porque no quería salirme ni un ápice de aquella duradera sensación de bienestar, aunque, eso sí, tenía claro que iba a ir a ver a Ken por última vez por mucho que mi marido se rebelara contra ello. Estaba dispuesta a asumir esa grieta en el nuevo muro de la felicidad que estaba levantando a mi alrededor.

—Amor, mañana es sábado —le dije durante la cena del viernes, esperando al último minuto para no prolongar la furia.

—Ya lo sé —me dijo, levantando la mirada del plato—. ¿Vas a ir a tu curso?

—Sí, bueno, es el último día y me gustaría completarlo. ¿Te las apañas sin mí?

—Claro. Iré a ver a mis padres con el niño. Tú disfruta de tu aventura. Se ve que te está sentando bien.

«¿Cómo? ¿No te opones?», pensé para mis adentros sin atreverme a pronunciar ese asombro en voz alta.

—Creo que sí. Me está sentando bien y, además, ya lo he pagado —dije sonriéndole y con cara de «no-me-harás-tirar-dinero, ¿verdad?».

—Sí, bueno, a cambio me tienes que dejar ir de pesca el fin de semana que viene. No me negarás que me toca un poco de tiempo libre —puso cara de pena forzada, intentando hacerme reír.

—Venga, vale, pero devuelve los peces al río, por favor. No me gusta imaginarlos sufriendo colgados de tu caña. ¿Hace?

—Ya sabes que siempre lo hago, peque...

Y le sonreí cerrando el pacto y sabiendo que de verdad no iba a poner oposición esta vez. El mejor indicador era que me llamaba «peque», el apelativo más cariñoso que había salido por su boca jamás. Y yo lo sabía perfectamente. Sabía que «peque» significaba te quiero y quiero que seamos felices. Así que le prometí que sería libre de pescar todas las veces que quisiera si a cambio me volvía a perder de vista al día siguiente.

Fuego en los pies

Cuando llegué de nuevo a la puerta del centro traspasé la puerta con decisión, faltaban diez minutos para que comenzara la clase y en mi enorme histeria por la puntualidad no quería perder ni un segundo ni llegar tarde, así que respiré como sabía mientras accedía al centro con la intención de que la hija de Ken no me entretuviera con sus discursos. Fue una respiración de mierda, déjeme decírselo todo, no tuve ni la más mínima conciencia sincera sino más bien egoísta de que aquella mujer no me molestara, y lo noté perfectamente, lo cual se materializó en que, por supuesto, ella estaba allí con su incienso de lavanda ardiendo y su micrófono de diadema, detrás del mostrador de aquella recepción anticuada.

—¡Susana! ¡Buenos días! Puntual como siempre. ¿Cómo se encuentra? —me trató de usted, aunque yo ya conocía su costumbre de saltar al tuteo sin problemas.

—Hola, muy bien, gracias.

—¿No cojeas? —me preguntó con un descaro increíble y tuteándome, lo cual disparó dentro de mí la incomodidad que

202

me producía hablar con aquella mujer de pelo tan liso y brillante en grado sumo.

—Em, no, hoy parece ser que no —le dije sonriendo forzada, con el fin de demostrarle que me cansaba mucho hablar con ella.

—Qué bien, es un placer ver cómo las cosas vuelven a su sitio. Mi padre es buen maestro. ¿No cree?

—Bueno, a estas alturas procuro no creer nada, pero sí, es cierto que me está ayudando. Salta a la vista, por lo que veo.

—Claro. Parecía usted una rana cuando vino la primera vez.

—¿Cómo dices?

—Una rana... el animal ese que salta en las charcas.

—Lo conozco.

—Pues no sé qué es lo que no entiendes —me dijo con cara de asombro, lo cual me indicó que ella hablaba en serio. Desde lo más profundo de su corazón y con toda sinceridad me había dicho lo que pensaba de mí sin juicios. Le parecía una rana y eso era justo lo que me quería decir. Mi cojera le recordaba a los andares de una rana. Si lo tomaba con pinzas era un símil bastante realista, para ser sincera, pero yo no estaba tan iluminada todavía como para evitar cabrearme por la metáfora. Me molestaba imaginar que las personas me ponían más etiquetas que las que ya tenía. Una rana, por favor, no debe de haber animal con menos *glamour* en el planeta.

—No, nada, era solo que nunca me habían llamado rana. Lo cierto es que tienes algo de razón. Nunca debí pensar que la cojera pasaba desapercibida.

—Tenía gracia.

—¿Mi cojera?

—No, usted, con su cara de mala leche y caminado como Gustavo, la más famosa de las ranas que conozco.

—¿Es un chiste?

—No.

—¿Ah no?

—No. Es una realidad.

—¿Me está tomando el pelo?

—No, y apúrese porque está a punto de llegar tarde. Y eso mi padre no lo tolera. Hoy tiene un día especial por delante, Susana. Espero que sepa hacer acopio de todo su valor —me dijo cerrando aquella conversación de besugos en la que me había visto envuelta en cosa de segundos. La hija de Ken me había llamado rana y lo había hecho completamente en serio para, acto seguido, enviarme a clase con un tono de voz propio de una institutriz inglesa que me recordaba a una profesora que tuve en el colegio que me tiraba de las orejas cuando hacía mal las multiplicaciones con llevadas.

Me apuré en caminar hacia el fondo del pasillo buscando las escaleras que me llevarían a la sala de abajo donde me esperaba Ken para, con toda probabilidad, descuartizarme el alma de nuevo, pero esta vez estaba más que dispuesta, aunque no ignoré el comentario de su hija acerca de hacer acopio de mi valor. Bajé las escaleras dándole vueltas a esa frase e intentando no asustarme demasiado. A buen seguro que no había sido casual que la pronunciara con tanta alegría. Y yo era una cobarde porque siempre lo había sido, por más que fuera una experta en disfrazar mis debilidades ante los demás.

Crucé la puerta de la sala a las diez en punto intentando no retrasar ni un minuto mi cita y dejando a las puertas mis zapatos para pisar una vez más con mis pies aquella moqueta tan gastada. Pies que hoy no dolían y que me permitían pasear con alegría por la estancia sin sentir cuchillos ardientes, lo cual me recordaba que el mayor placer de la vida es estar bien, solo bien en el cuerpo y en la mente. Qué distinto lo veía todo en apenas dos semanas.

La puerta se abrió sin más a mis espaldas, anunciando que Ken iba a aparecer con sus andares lentos y su coleta de caballo canosa e inconfundible. Pero esta vez no era él; una silueta femenina que yo conocía se abrió paso en la penumbra de la estancia y se dirigió al interior de aquel lugar con la misma cara de sorpresa con que lo hizo la primera vez. Era Ana, mi compañera del primer día en El Camino, la mujer que casi se ahoga a mi lado en el momento en que Ken nos hacía aquella apertura suya misteriosa. La madre que confesó estar allí por poder ayudar a su hijo enganchado a los aerosoles para poder respirar. La seria. La que se declaró escéptica y se presentó diciendo que ni siquiera sabía lo que hacía allí. Sentí verdadera alegría de verla.

—¡Ana! ¿Qué haces aquí? ¡Qué alegría verte!

—Hola, Susana. Sí, yo también me alegro. ¿Cómo te encuentras?

—Pues tengo que reconocer que bien, empiezo a no tener dolores en los pies, si te soy sincera. Aunque todo este proceso con Ken está siendo un poco raro. ¿Dónde te metiste la semana pasada? Vine sola y Ken me explicó que ni Sandra ni tú ibais a seguir en El Camino...

—Le dije que Sandra no había sido invitada a continuar, Susana, y que Ana no iba a encontrarse con usted ese día. Si dedujo que no iba a seguir en El Camino es solo cosa suya. Escucha lo que quiere —una voz masculina que yo conocía muy bien me replicaba desde la puerta. Era Ken que, sin darme cuenta, había llegado puntual a su cita y escuchaba mi diálogo con Ana desde la entrada.

—Pues sí, pensé que no iba a verte más, Ana. Entendí mal, por lo que se ve.

—Creo que es justo que sepa que Ana se sintió muy indispuesta después de nuestra primera sesión y que por ello no pudo estar la semana pasada con usted aquí.

—¿Indispuesta?

—Sí, estuve realmente enferma después del primer día. Ken, ¿puedo explicarle a Susana lo de la purificación? —preguntó Ana a nuestro maestro, intentando ser educada y no darme más información que la que debía.

—Adelante —respondió Ken, otorgándole el beneplácito de la palabra.

—Ken me explicó que, muchas veces, tras la apertura, pasamos por un proceso de ajuste. Eventualmente, el cuerpo se limpia y para ello utiliza todos los mecanismos que tiene. El vómito es uno de ellos, pero también la tos y la expulsión de desechos. Creo que termino antes si te digo que tuve todos a la vez durante ocho días. Por eso no pude unirme a vosotros.

—Ah... Yo no he tenido de eso —dije como una tonta, como si mi producto estuviera defectuoso o a mi Camino le faltara el botón de la purificación.

—Sí lo ha tenido, Susana. Su pie, ¿recuerda? El dolor se fue y volvió. Era un reajuste, solo que usted está más que acostumbrada a ese malestar que, por cierto, hoy no percibo. ¿Se encuentra bien?

—Sí, muy bien.

—Nada es casual, señoras. Nada en todo el maravilloso universo ordenado en que vivimos donde ningún mecanismo del cosmos falla. Si han tenido que hacer procesos separados ha sido por su bien. Ya me he encargado de poner a Ana a su mismo nivel, Susana, en privado y respetando su proceso de sanación. Como comprenderá, El Camino no está reservado a los sábados; a estas alturas ya debe saber que no somos una academia de bailes de salón. Y ahora cerremos los cotilleos y volvamos a El Camino, por favor. Tienen una única misión hoy —dijo Ken, sentenciando nuestra conversación.

—¿Y cuál es? —pregunté.

—Siempre ansiosa, Susana, siempre ansiosa por saber —dijo Ken con su tono paternal y su voz grave—. Saber cuál es su propósito en esta vida. ¿Le parece poco?

Me acordé de Celia y su explicación del propósito y la misión. Sin duda, se cumplía tal y como ella lo había dicho, íbamos aprenderlo con Ken.

—No, me parece mucho, si le digo la verdad —contesté.

—No se apuren, señoras, no solo van a saberlo, sino que deben de saberlo. Es la única pieza que les falta para completar su puzzle. A partir de hoy trabajarán solo si quieren, pues con su propósito de vida su avatar estará preparado para la transformación.

—¿Transformación? —preguntó Ana con verdadera intriga.

—No hay evolución espiritual posible si no hay transformación. No se trata de sanar los dolores del cuerpo, ni de saber de dónde vienen, sino de ejecutar su plan de vida, queridas, y eso no se consigue, me temo, leyendo libros. —Cuando dijo esto me miró de refilón, haciéndome entender que ese comentario me lo lanzaba a mí directamente, como un aguijón a mi ego, el cual hacía ya unos días que empezaba a desvanecerse por completo ante mis ojos—. Descubrir y cumplir su propósito de vida es la medicina de todos los tiempos.

—Ken, ¿puede explicarlo un poco mejor por favor? No sé si le entiendo bien —le pedí con educación de colegiala, porque de verdad me costaba ligar los conceptos que estaba exponiendo ante mí.

—Claro que sí, es todo lo que vamos a hacer hoy. Saber qué narices hemos venido a hacer aquí, porque mientras no lo sepamos caminaremos por la vida sin dirección, sin rumbo, sin conocernos, y eso hace que nuestro muñeco llore de dolor, que nuestro avatar enferme. Es la clave de la sanación desde el principio de la historia. ¿Conocen el templo de Apolo, en Delfos?

—Sí, por los libros —me apresuré a especificar por no resultar pedante y hacerle entender que había visitado tan famoso lugar para los griegos.

—Muy bien, ¿y qué rezaba en el *pronaos* del templo?

—¿Pro... qué? ¿Qué es eso? —preguntó Ana, salvándome la vida porque yo no entendía para nada aquella palabra extraña.

—Pronaos, señoras, la parte delantera del templo. La entrada, si así lo entienden mejor. El oráculo de Delfos es un referente del autoconocimiento humano. ¿No les suena?

—No.

—No —dijimos casi a la par.

—«Hombre, conócete a ti mismo». Eso es lo que dice, haciendo referencia justamente a lo que acabo de decirles. No hay manera de llegar a la Fuente, de obtener todo el potencial, de sanar ni de saber nada si antes no nos conocemos a nosotros mismos. Vamos, señoras, antes de El Camino no sabían una palabra de energía, ni de su avatar, ni por qué este se les revela enfermando. Mucho menos de su Yo Superior... ¿No creen que ese descubrimiento las ha cambiado? Hoy se conocen un poco mejor a sí mismas. No hay nada externo, por tanto, que necesiten saber. Todo reside dentro de ustedes, porque ustedes son el Todo, ¿recuerdan?, y como tal, lo único que tienen que descubrir es su interior.

Silencio por parte de las dos.

Pausa dramática por parte de Ken.

—Y, señoras, todo lo que tienen que saber de sí mismas para alcanzar la plenitud máxima y gozar de salud y felicidad está detrás de sus miedos. No hay más. Fin de la lección de hoy.

—¿Cómo? ¿No va a explicarnos nada más? —pregunté en verdad sorprendida. No había pasado ni media hora desde que entramos a la sala. Ni siquiera nos habíamos sentado en el suelo a esperar las mágicas lecciones de Ken, que ya daba por terminadas.

—No, van a experimentarlo.

—¿El miedo? —preguntó Ana, de veras angustiada.

—En efecto. El miedo. Ese muro absurdo que sus mentes han inventado con el fin de mantenerlas en una zona segura. Esa capa de pintura que borra la pura esencia. Eso es el miedo. Una invención de sus mentes, señoras, cuyo papel en su avatar es enterrar quienes son y quienes han venido a ser, aunque les suene paradójico.

—No entiendo nada, Ken —le dije con total confusión ante sus explicaciones—. ¿Para qué tenemos miedo, entonces? ¿Por qué nos sabotea nuestro propio avatar? Si nuestra misión en esta vida es otra, ¿por qué nos frenamos?

—Su misión solo es una Susana, volver a la Fuente, que no es otra cosa que energía de amor incondicional que debe proyectar hacia todo y todos, es su propósito de vida lo que tiene que entender. No son lo mismo. La misión es para todos la misma, el propósito es único. Pertenece a su más elevada esencia. A su alma particular, si así lo entiende mejor.

Me acordé de nuevo de Celia. Prácticamente había plagiado las lecciones de mi maestro el de ojos chinos.

—Vale, pero ¿por qué no lo hacemos y ya está? ¿Por qué, entonces, enfermamos y nos alejamos de ello desde que nacemos? —insistí.

—Porque la han programado para ello. A usted y a todos los seres humanos que pisan la tierra con muy pocas excepciones en la historia. El miedo no es un mecanismo automático, aunque usted lo padece así, como algo que se despierta cuando quiere sin preguntarle si le necesita. La loca de su mente trabaja por libre porque nadie le ha enseñado que debe estar a su servicio, Susana, y no al revés. Usted está al servicio de ella, cuando ella debería ser su maldita esclava. Está bien que la use para ir a la compra, claro que sí, y pagar las facturas de su casa si quiere seguir viviendo allí, pero para todo lo demás no la necesita. La clave de la mente es el miedo. Piénselo por un momento, ¿qué la ha tenido tan amargada toda la vida? ¿No han sido versiones del miedo con caretas distintas? Miedo a morir, miedo al rechazo, miedo a fracasar, miedo a que no la quieran, miedo a ser madre, miedo a amar... Eso es lo que frena su potencial, Susana, y lo que, por consiguiente, oculta su propósito de vida bajo una capa ingente de porquerías inventadas que no le hacen ninguna falta, se lo aseguro.

—¿Y no hay manera alguna de conocer ese propósito, Ken? —preguntó Ana con mucho interés, pues se notaba por su expresión que estaba de veras intrigada.

—En su infinita esencia ya lo conocen. Llevan conviviendo con sus señales toda la vida.

—A ver, a ver, no me entero, Ken —dije de forma abrupta, porque necesitaba aclarar lo que estaba escuchando—. ¿Lo conocemos o no? Creía que nos estaba diciendo que debíamos descubrirlo. Aclárese, por favor, porque no le sigo.

—Ratita sabionda, usted no escucha. Piensa demasiado y no escucha, Susana —me dijo de nuevo con ese tono de padre que vigila a su hija mientras juega en el parque—. Le he dicho que en su infinita esencia ya lo conoce. Es su avatar el que no se entera, su muñeco de trapo que, con su cuerpo y su mente, se empeña en hacer de la vida un camino de espinas. Su infinita esencia, su alma, su conciencia última ya saben perfectamente lo que han venido a hacer. Es Susana quien no se lo permite llenando su espacio interior de miedos y amarguras. A todos los efectos, la responsable es usted.

—No tenía ninguna duda...

—Claro que sí. Las tiene. Usted está en El Camino para encontrarse a sí misma, no para quitarse el dolor de ese pie. Para ello no tenía más que haber encontrado un buen cirujano y haberse operado, ¿no cree? Es cierto que va comprendiendo las cosas, pero aún no las ha interiorizado. Deje los libros, Susana, solo la hacen creer que sabe. Pase a la acción, si no habrá usted acumulado muchos datos acerca de la vida que no le servirán de mucho.

Toma corte. Esto me pasaba por listilla, un sino con el que sin duda había tenido que convivir desde mi infancia.

—El primer día se enteraron de que son energía y que deben reponerla para mantenerse saludables. El segundo conocieron la causa de sus problemas, la responsabilidad de crear una vida determinada para su avatar, quien no es más que la marioneta que les ayuda a estar en esa existencia. Un avatar lleno a rebosar de creencias que le hacen fabricar una vida poco agradable. Hoy van a conocer su propósito, a qué han venido aquí, a través de sus personajes y cómo desviar su viaje para conseguirlo, para que el pobre de su cuerpo no sufra más y encuentre la fuente del único amor verdadero, el amor incondicional propio.

—Y todo eso se encuentra detrás del miedo —concluyó Ana por todos.

—Sí. No hay nada más.

—¿Y qué tapa el miedo, Ken? ¿Qué vamos a encontrarnos debajo? —le pregunté a mi maestro, intentando entender un poco mejor la función de esa capa horrible de emociones que nos paraliza ante la vida.

—Esa, Susana, es la mejor pregunta que me ha podido hacer desde que la conozco. Felicidades —me sorprendió su respuesta, pues a mí me parecía una pregunta de lo más infantil—. El miedo es la otra cara de la herramienta más poderosa que tienen, el paquete de habilidades con el que vienen a vivir la vida humana.

—¿Más herramientas? —preguntó Ana con cara de estar harta de recibir información acerca de aquel personaje—. ¿Es otra técnica más?

—No, Ana, no es otra técnica. Déjeme que le explique. Cuando usted viene a esta existencia se le da un paquete de herramientas que deben acompañarla con el fin de descubrir su propósito y ejecutarlo. Es decir, enterrado entre tanta porquería interior, su Ser aguarda los mejores de sus tesoros.

—¿Y cuáles son? —interrumpí porque la ansiedad de saber me estaba dominando.

—Sus dones y talentos.

—Mis dones...

—Sí, Susana, sus dones y talentos. Esas habilidades innatas que usted y todo el mundo tiene. Eso que la hace única y disfruta ejecutando. Eso que, cuando usted lleva a cabo, hace que el tiempo se pare a su alrededor. Eso que le encanta hacer desde siempre. Eso para lo que sabe que usted es buena a rabiar. Eso es su don y su talento y es la llave del tesoro. Llave que ha menospreciado desde su nacimiento porque le hicieron creer que la vida iba de trabajar como una esclava, crear una familia, pagar facturas y morir. Eso que su alma implora por hacer cuando encuentra un hueco. ¿Qué hace usted bien, Susana? ¿Qué disfruta haciendo a cambio del mero placer de hacerlo? Porque de no hacerlo su don se volverá un miedo inmenso. Estará dando a entender a su pequeño ser que lo esconda. Que lo guarde en el armario y como tal, para esconderlo, creará el más poderoso de los miedos. ¿Qué es lo que más teme, Susana? Busque por ahí, su alma ya lo sabe, pero usted no se entera. Los miedos nos dan las pistas, los dones nos dan las claves de cómo vivir. En realidad, una vez más es sencillo, señoras.

Algo vibró dentro de mí. Tenía infinitos miedos desde siempre. Miedo a vivir, miedo a morir, miedo a quedarme sola y abandonada... Aunque había un miedo, solo uno, que me atormentaba casi todos los días de mi existencia, que de tanto convivir con él se había mimetizado conmigo formando una parte de mi ser que nadie conocía. Uno al que había ignorado poniendo el foco en miedos vitales profundos que, en realidad, eran hijos de este otro miedo mundano que había pasado desapercibido hasta hoy. Un miedo callado que yo tenía. Un secreto de mi alma que jamás hubiera reconocido ante nadie. Un miedo que me generaba culpa y autocrítica sin fin. Un miedo que me daba muchísima pena tener. Era mi miedo más frecuente: hablar a los demás en voz alta, algo que yo tapaba con pastillas para poder superar en mi trabajo diario. Algo que además me perseguía debido al oficio que había elegido y que ahora me cuestionaba si era casual que hablar en público se me exigiera en cada empresa en la que empezaba una nueva andadura. Algo que, además, tenía que disimular con todas mis fuerzas, pues mi don de la palabra era admirado por todos, pero odiado por mí en el más absoluto de los silencios. Algo que hubiera matado por no ejecutar nunca más, aun a sabiendas de que mi alma lloraba a escondidas porque, en realidad, yo amaba las palabras, los discursos, las emociones compartidas de viva voz, las charlas, las ponencias y todo tipo de variantes de este don en todas sus facetas. Desde pequeña, desde que tengo uso de razón, amaba la música, el arte, la capacidad de expresar emociones, el mundo de la expresión y la comunicación, así como se me presentara. Era el gran amor de mi vida, la comunicación en todas sus formas, sabiendo como sabía dentro de mí que hubiera pagado lo que me pidieran por extirparme aquel miedo y poder disfrutar de ese talento que empujaba de forma constante por salir. Yo era felicitada en cada presentación que se me solicitaba, en cada redacción que presentaba y también en cada boda a la que me invitaban porque, más de una ocasión, mis amigas, infinitamente más conscientes de mi don que yo, me pidieron que hablara en sus bodas, cosa que me supuso abrazos y felicitaciones de todos los invitados por mi capacidad de emocionar a la audiencia. Era eso, mi miedo secreto a desplegar mi don lo que me estaba apartando de mi sendero. Mi miedo a vivir, mi desarraigo, mi recorrido vital habían estado marcados por este miedo absurdo y oculto que odiaba tener. Todos esos miedos eran herencia de ocultar mis dones. Todos. ¿Cómo iba a sentirme segura en lugar alguno si lo que mejor sé hacer me da miedo? ¿Cómo iba a ser buena madre o esposa si no me permitía hacer bien lo que sabía hacer bien? ¿Cómo iba a tener confianza en mí misma para acometer otros proyectos? ¿Cómo iba a desempeñar bien papeles aprendidos si no daba rienda suelta a los innatos? ¿Cómo iba a vivir en paz entonces? Todo encajaba, y mi mente una vez más me llevó a maldecir a aquel hombre. Mierda de El Camino, no haces más que ponerme en evidencia.

Me desanimé. Me di perfecta cuenta de que estaba buscando el sentido profundo de la vida, viviendo un despertar espiritual del que presumir entre mis amistades, sin darme cuenta de que todo era muy sencillo y que las pistas para una vida en paz llevaban persiguiéndome desde siempre. No había nada que aprender en los libros, porque cuanto más leía acerca de sabiduría antigua y filosófica, más me llenaba de destinos difíciles de alcanzar cuando la llave estaba dentro de mí, desde siempre, intentando ser utilizada con el fin de abrir la compuerta de mi alma. Recordé que hasta el mismísimo Jesús había dedicado una de sus parábolas a los dones y talentos, una parábola que hasta entonces yo no había entendido, por no decir honestamente que jamás le había prestado atención alguna. Una parábola en la que después de contar cómo tres siervos distintos invierten sus talentos —una suerte de monedas— sacando, dos de ellos provecho de compartirlos y uno de ellos enterrarlo bajo tierra sin obtener fruto, concluye de esta aplastante manera que, por una vez, empezaba a tener sentido para mí:

«Porque a todo el que tiene, se le dará y le sobrará; pero al que no tiene, aun lo que tiene se le quitará. Y a ese siervo inútil, echadle a las tinieblas de fuera. Allí será el llanto y el rechinar de dientes.»

Porque si tienes un talento, debes de ponerlo en práctica y compartirlo y allí habrá paz, abundancia y amor para ti y todos los que te rodean, sin embargo, si no usas tu talento y no lo compartes con nadie, aparecerán las tinieblas, que no son otra cosa que tus peores miedos, y entonces llorarás y te rechinarán los dientes, siendo esto último bastante literal porque, en efecto, y reconozco que tiene su gracia, el rechinar de dientes es uno de los grandes síntomas del estrés, que no es sino el sensor de que no vives en paz contigo mismo. De que te traicionas.

Tra-ca-trá una vez más, me dije a mí misma mientras llegaba yo sola a esa conclusión silenciosa. Los talentos son la clave de la paz, el propósito de esta existencia. Los talentos se nos dan, nadie sabe por qué los tenemos ni por qué de forma automática y espontánea cada uno de nosotros servimos para cosas muy diferentes. Pensé que todos los teníamos, que no podíamos ser muy distintos del resto de formas de vida conocidas del planeta. Piénselo bien, querido lector, la hierba crece sin esfuerzo porque solo ejecuta lo que ha venido a hacer, no pretende ser árbol, solo hierba, que es lo que sabe hacer bien. El cosmos está en equilibrio porque cada cosa que lo habita hace lo que debe hacer. El sol nos da luz y no se despista llegando tarde a trabajar, los animales se comportan como lo que deben, las plantas crecen solas sin más necesidad de que les llueva porque las nubes hacen lo que deben hacer, que es reciclar el agua, y en beneficio de ese talento natural el resto de seres vivos del planeta nos mantenemos aquí. Este universo ordenado está regido por el talento de cada cosa que lo compone y nos empeñamos, los insoportables humanos, en perdernos en otras tareas y obligaciones para terminar por llegar a la misma conclusión: debemos hacer lo que hacemos bien de forma natural e inevitable y estaremos contribuyendo al equilibrio, no solo de nuestras vidas, sino de todo el universo.

—Es la hora —dijo Ken, sacándome de mi ensoñación personal acerca de lo que estaba descubriendo—. Deben ponerse a prueba, señoras. Destruir su miedo. Hoy terminan El Camino y deben irse contactando con su poder infinito, ese que les devolverá el valor para ser quienes han venido a ser.

—¿Y qué vamos a hacer? —preguntó Ana.

—Arder.

—¿Arder? ¿Está usted loco? —dije yo, anonadada por su respuesta. Conociendo a Ken, era muy probable que su afirmación no tuviera nada de metafórico.

—Síganme.

Ken abandonó la estancia invitándonos a seguirle. Íbamos a hacer algo que implicaba que teníamos que cambiar del lugar que ya, de tan conocido, era zona segura para mí. Subió las escaleras hasta el pasillo principal y se acercó hasta el mostrador de recepción, colándose por detrás y ocupando el puesto vacío que, por lo general, habitaba su hija. Se agachó, cogió un juego de llaves y volvió sobre sus pies. Ana y yo le seguíamos como corderas que siguen a su pastor; no pronunciamos palabra, pues hablo por las dos cuando digo que nos invadía el terror. ¡Vamos a arder! No sé qué pretendía este viejo loco que, sin duda, no dejaba de sorprenderme por más que le conociera.

Le seguimos. Ken se dirigió a una puerta que se encontraba en el recibidor cerrada con llave. Tenía aspecto de ser la puerta que oculta algún tipo de cuadro de contadores, aunque cuando la abrió y caminó a través de ella, Ana y yo nos dimos cuenta de que llevaba a algún otro lugar.

La traspasamos y, de repente, nos vimos a la intemperie en una especie de patio trasero y destartalado que tenía toda la pinta de haber sido un antiguo solar de unos quinientos metros cuadrados. Solo se accedía a él por la puerta que acabábamos de cruzar, así que pensé que debía pertenecer al centro de Ken aunque, a juzgar por lo que contenía, más bien parecía una prolongación del Bronx en Madrid. El suelo era de arena y las paredes que lo rodeaban eran muros desconchados de antiguos edificios que le daban un ambiente de barrio abandonado. Por el suelo había restos de material de obra, sacos y maderas que debían de llevar allí más tiempo que el propio Ken.

El patio tenía forma de L. Desde nuestra posición, al fondo, se divisaba una esquina, en el lado izquierdo, que hacía pensar que había una parte que no alcanzábamos a ver, porque la puerta que acabábamos de cruzar nos dejaba directamente en el más largo de los dos lados de esa L. De pronto, mi olfato me advirtió de que algo se estaba cociendo en la parte de aquel sitio que no estaba ante nuestros ojos.

—¡Huele a fuego! —dijo Ana, muy asustada.

—Sí, huele mucho a humo, Ana.

—Síganme, señoras, no se paren. Tenemos que caminar hasta la parte de este lugar que ustedes no ven. Procuren guardar silencio, por favor, no dejen que sus mentes las anulen antes de tiempo —nos dijo Ken mientras avanzábamos junto a él a esa zona del patio de los horrores que apestaba cada vez más a hoguera de campamento.

—Me estoy asustando... —se me escapó decir en perfecta voz alta y temblorosa. Ni en broma iba a arder para este señor tan tarado. Por mi mente se pasó la posibilidad de que íbamos a inmolarnos a su lado. Definitivamente, me había dejado convencer por este chiflado y no me había dado ni cuenta. Pero le seguí, una vez más como una imbécil que ya no sabe si es valiente o inconsciente.

—Silencio, Susana. Guarde su energía para dentro de un momento. No le permita a su mente tomar el control.

No solo apestaba a humo sino que, a medida que nos acercábamos, se empezó a divisar una nube blanca y un calor en el ambiente que nos indicaba que, en efecto, cerca de nosotros había fuego. Qué miedo; temblaron todos mis músculos a la vez a medida que avanzábamos hacia el foco de calor. Giramos la esquina y se confirmaron mis temores. Ante nuestros ojos se levantaba una hoguera con un fuego que se elevaba por encima de nuestras cabezas unos tres metros. Las llamaradas eran enormes y todavía se divisaban restos de madera bajo aquel infierno portátil que Ken había puesto allí para nosotras. El calor era inhumano. Sentí cómo mi cara se abrasaba tan solo con tener aquel monstruo de luz y calor tan cerca, aunque paradójicamente me pareció bello y esplendoroso, un fuego puro que iluminaba la estancia de aquel rincón oculto del patio de chabolas donde me encontraba a plena luz del día. Al lado de la hoguera, y sin poder entender cómo era posible que no se abrasara la piel, se encontraba la hija de Ken, menuda y sonriente, mientras agarraba con sus propias manos una pala de esas que en las películas se utilizan para cavar un hoyo donde hay que enterrar un cadáver en medio del bosque. Me alucinó observar con qué agilidad se movía, cómo de tanto en tanto clavaba su pala en las brasas de aquella tremenda hoguera como oxigenando el fuego y provocando con ello que saltaran chispas y llamas nuevas cada vez que ella hundía su artefacto en el corazón de aquel monstruo de luz que se erguía dominante ante nosotras.

—Este es su reto, señoras. Saluden a sus miedos. Están aquí esperando a que los enfrenten —dijo Ken con toda su calma, como si estuviera presentándonos a su recién estrenada novia.

—¿Qué tenemos que hacer? —preguntó Ana sorprendiéndome, pues detecté en su voz un tono de seguridad y determinación que no esperaba.

—Tienen que ser más fuertes que sus miedos. Dejar su valor surgir y, por una vez, crear conscientemente una realidad que las empodera. El fuego solo quema en sus mentes igual que los miedos que las separan de la vida plena y de ejecutar su propósito. Van ustedes a caminar por encima de las brasas y, sí, van a forzar a su cuerpo a hacerlo por mucho que se oponga, que lo hará, se lo aseguro.

—¿Caminar por encima de las brasas? Ni loca, lo siento —le dije a Ken con contundencia. No pensaba poner mi vida en riesgo. Ya me parecía suficiente con flotar por encima de mi cuerpo, canalizar energía o leer el tarot. En estos momentos, no pensaba para nada en, además, quemar a mi pobre avatar, mi Susana, mi cuerpo, por mucho que no fuera real. Era mío, al igual que el dolor que sentía gracias a su existencia. Le quería más de lo que jamás había pensado y, perdone, querido lector, comprenda que no tenía intención alguna de cambiar el dolor de mis pies por el dolor que iba a suponer quemarlos al aire libre y por voluntad propia. De ninguna de las maneras. No.

—Muy bien, Susana, haga lo que le parezca. Comprendo su decisión —me dijo Ken como respuesta a mi reacción, lo cual me sorprendió, pues no intentaba convencerme en absoluto—. La entiendo mejor que nadie. Se cree que el fuego es real, así como lo son todos sus miedos, pues bien, felicidades, va usted a quedarse como estaba. Ana, por favor, acompáñeme. —Y echaron a andar en dirección a la hoguera, dejándome a mí al borde de la esquina desde donde la estaba divisando, paralizada, como la más tonta entre las tontas, la máxima de las cobardes.

Ken no me iba a convencer. Estaba dejando que yo misma diera el paso de tomar las riendas de mi vida de una vez. «Pero ¿está loco? El fuego quema, es su función. ¿Cómo voy a pasar por encima sin abrasarme, por Dios? No tengo valor. Soy la cobarde que merezco ser...», fueron los pensamientos que se dispararon dentro de mí como consecuencia de que Ken no me empujara a tomar la decisión. De repente, me vi otra vez ante mí misma y mis debilidades, y envidié la seguridad con que Ana, la seria entre las serias, seguía las instrucciones de nuestro maestro sin rechistar ni una palabra. Ella iba a hacerlo. Se había comprometido con su propia causa y yo, paleta entre las paletas, iba a quedarme mirando. Una vez más en mi amargada vida.

Ana y Ken se pararon realmente cerca de la hoguera y entonces, desde mi posición, divisé cómo la hija del maestro empezaba a clavar su pala con fuerza en el corazón de las brasas haciéndolas reventar de chispas y llamaradas. Después, Ken susurró algo al oído de Ana, algo que no alcancé a escuchar porque, aparte de la distancia que nos separaba y los latidos de mi corazón bombeando sangre como un loco, el fuego emitía el ruido de yesca ardiendo que me impedía captar sonido alguno. Ana se agachó, se quitó sus zapatos y calcetines y se quedó pies descalzos sobre el suelo de arena.

—Estás loca, Ana, no... —susurré en voz alta y desesperada tras entender que iba a hacer caso del maestro y plantar sus pies en aquel fuego del infierno que me estaba asfixiando de calor y angustia.

La hija de Ken hincó su pala en la hoguera y, esta vez sí, sacó la pala cargada de brasas rojas y ardientes que parecían artificiales de tan vívidas. Arrojó las brasas al suelo, formando un pequeño montón delante de Ana, quien las miraba fijamente sin cambiar la expresión de seriedad de su rostro. Repitió la operación varias veces hasta que consiguió confeccionar una alfombra de brasas de unos tres metros de largo en línea recta. Una alfombra de brasas a setecientos grados centígrados a los pies de Ana, la mujer que estaba allí por su hijo. Yo miraba la escena anonadada, no podía articular palabra. Ana obedecía como un autómata a todo lo que parecía indicarle Ken. Se colocó al borde de aquellas brasas, con los pies descalzos mientras Ken le daba instrucciones al oído que, de nuevo, no alcanzaba a entender. De repente, Ken se encaminó hacia el otro extremo de la alfombra de brasas ardientes y miró directamente a Ana como indicándole que podía proceder. Mi corazón se aceleró enviándome señales de pánico. «Ana se va a quemar delante de mí y además nos van a pillar con las manos en la masa. Alguien lo tiene que estar viendo y van a llamar a la policía». ¿Cómo iba yo a explicarle a la policía que no tenía nada que ver? Me apresó el terrible miedo mío que no paraba de dibujar escenas donde me llevaban esposada al calabozo como miembro de una secta destructiva, aunque aquella estampa de Ana era horrible y fascinante a la vez, pues jamás había visto yo una mujer tan parca en palabras desprender tantísimo valor como fuego ardía delante de su cara.

Y sin más, a un gesto de Ken, Ana avanzó sobre el fuego. La vi poner un pie encima de las brasas, despacio, sin alterarse, diría que hasta con elegancia, lo cual me hizo sofocar un grito de angustia que se disipó cuando vi que tranquilamente ponía el otro pie a continuación del primero dando otro paso sobre las llamas. Estaba caminando por encima, tranquila, sin alterar la expresión de su cara. Daba pasos cortos pero firmes en dirección al final de aquella alfombra ardiente donde la esperaba el loco que nos había metido en aquel lío. Y otro paso, seguido de otro. Las brasas se movían con su peso y destellaban en chispas cada vez que ella dejaba caer sus pies encima. Chispas rojas que se levantaban unos centímetros del suelo, como diciendo que estaban a sus pies, que se apartaban a su paso. Era imponente. Impresionante. Estaba viendo un verdadero milagro ante mis ojos. Ana avanzaba sobre trozos de madera ardiendo con sus pies descalzos. Serena y potente mientras yo me deshacía en angustia desde la esquina. Llorando de miedo como la niña pequeña que llevo dentro y que se asusta solo porque no encuentra su casa. Allí estaba de nuevo. La Susana cobarde que no encontraba más la manera de disimular.

Ana llegó hasta el final de su paseo infernal sin inmutarse. Cuando alcanzó el otro extremo rompió en llanto y Ken la abrazó con su cuerpo, consolándola. Lo había conseguido. Superar hasta uno de los elementos de la tierra. La admiré sin medida.

—Ya pasó todo, qué valiente eres, Ana, y qué cobarde soy yo, madre mía. Qué cobarde —no sé si dije en voz alta o en voz baja.

Lloré por alivio y sintiendo la rabia de no haberme atrevido. Veía a Ana tan fuerte que envidié su determinación a cambiar las cosas, así que me decidí y me acerqué hasta donde se encontraban ellos para decirle a Ken que quería intentarlo.

—Ana, ha sido increíble. Estoy de verdad emocionada —le dije con toda sinceridad en cuanto estuve a su lado.

—Gracias.

—Ken, me gustaría intentarlo... —dije agachando la cabeza ante mi maestro, pues me sentía avergonzada por mi bloqueo y le imploraba con inocencia una oportunidad para poder conseguir el logro que mi compañera había realizado minutos antes.

—No, Susana. No ha querido. Ya hemos terminado. Le dije que El Camino no es para todo el mundo.

—¿Cómo? ¿No me deja?

—No, no se deja usted. Esto es una oportunidad de restar miedos, no de sumarlos. No se equivoque. Me ha dejado muy clara su postura ante los retos, si no siente seguridad ni conciencia claras se va a quemar, Susana, y no lo pienso permitir. No está usted preparada.

—¿Ah, no? ¿Y por qué me trae hasta aquí? —Noté la furia subir por mis venas y apoderarse de mí—. ¿Por qué no me deja la oportunidad de intentarlo? No ha hecho más que ponerme en evidencia desde que le conozco, señor Ken, solo he tenido un ataque de miedo, ¿para tanto es? ¿Es que usted no los ha tenido nunca? Quiero hacerlo.

—No. No tiene seguridad en sí misma. No domina la técnica aún. No insista, Susana.

—¿Que no insista? ¿Es usted mi jefe? —levanté la voz de una vez, pues en verdad estaba furiosa ante aquel ser que ejercía algo que yo odiaba, su autoridad sobre mí, y bloqueaba mi pequeño ataque de valor como si yo tuviera muchos en mi vida, así que no estaba dispuesta a desperdiciar aquella oportunidad de oro de verme valiente y decidida—. ¡No me diga que no merezco esto! ¡He visto a Ana y ella ha podido! ¿Por qué no iba a poder yo? ¡Dígame! ¿Qué nos diferencia tanto, Ken? ¿Su librito secreto? ¿Quién es usted? ¿Eh? ¿Un superhéroe? ¿O quizá un Lama exiliado que decide quién ha evolucionado más en la comunidad? ¡No me fastidie, Ken! —Ken, su hija y Ana me miraban con estupor y seriedad sin pronunciar palabra. Estaba desquiciándome ante ellos, rompiendo mis formas y dejando salir toda la rabia que me producían las consecuencias directas de haber sido una cobarde una vez más en mi vida.

—¡Cálmese, Susana! No es a mí a quien usted odia en este momento. Es a usted y su falta de compromiso consigo misma, al igual que le ha pasado toda la vida.

—Oh, el maestro Ken nos da lecciones de autocompromiso —le dije, aplicando la burla todo lo que pude. Era mi especialidad, burlarme de todo el que me bloqueaba en la vida.

—Váyase por donde ha venido, Susana —me dijo, expulsándome de aquella estancia mugrosa, de su lado y, por consiguiente, de El Camino.

—No.

—¿Cómo dice?

—Que no me voy. Y usted tampoco.

—Claro que se va.

—¡No! —le grité, rebelándome contra sus órdenes explícitas de abandonarle en ese momento.

—Reconozco que empieza a sorprenderme, Susana... ¿Hay una adulta detrás de esa niña rabiosa? —me preguntó, empleando un tono de sarcasmo que, de haber sucedido en mi infancia en el patio del colegio, hubiera resuelto con un tortazo que me llevaría al despacho de la directora sin remedio.

—Déjeme hacerlo... —pronuncié apretando los dientes de ira.

Ken resopló, miró sobre su hombro buscando a su hija, que aguardaba unos pasos por detrás al lado del fuego que nos abrasaba la piel. Le indicó algo con las manos y se volvió a mirarme, frente a frente, de nuevo con una expresión en sus ojos que me hacía pensar que iba a dejarme hacerlo, superarme a mí misma y no ser la cobarde de El Camino.

—Hagamos un trato, Susana. Le dejo hacerlo si usted acepta llegar al límite del terror. Me parece un trato justo y no es negociable. Nadie hasta la fecha ha conseguido alterar mis decisiones, reconozco que veo una chispa de verdad en sus ojos.

Así que muy bien, allí estaba yo implorando al maestro de maestros que me dejara abrasarme viva, ese a quien de tanto insistir me ofrecía una segunda oportunidad si aceptaba llevarme al límite del terror. ¿Era o no era un chiste? Lo dejo a su elección...

Ken se giró sobre sus pies, lo cual me hizo entender que debía de seguirle. Anduve de nuevo hacia la cama de brasas sobre la cual había caminado Ana y, esta vez, sabía que iba a ser algo diferente, solo que yo misma me lo había buscado. Terror de alto voltaje. Iba mentalmente preparada para realizar cualquier cosa que me pidiera.

Ana se quedó en el lugar que yo había ocupado mientras ella caminaba sobre el fuego. Estaba tan asombrada por mi discusión con Ken que supongo que la distrajo de su propio logro. Había terminado El Camino, así que no tenía más que quedarse como mera espectadora de mi fracaso.

De repente, Ken se acercó a mí por mi espalda. La cama anterior de brasas se estaba apagando y me indicó que me moviera unos metros dándome a entender que necesitaban montar una nueva. Lo hice, me desplacé hacia atrás dejando sitio para que la hija de Ken empezara a cargar el suelo de piedras ardientes que iban a abrasarme. Una pala de brasas y otra y otra... Empezaba a notar ante mí el calor tremendo que generaban los trozos aquella madera ardiendo. Era como acercar la cara a un fogón de la cocina. Especialmente abrasador.

Ken me indicó que me quitara los zapatos y dejara mis pies descalzos para el preciado momento. Y lo hice, obedecí sintiendo el suelo de arena bajo mis pies, un tacto que no conocía mucho y me resultó desagradable.

—Voy a taparle los ojos, Susana. Va a hacer esto sin mirar y no me lo discuta. Creo que ya ha tenido suficiente berrinche por hoy —me dijo Ken sin ningún tipo de paños calientes.

—¿Taparme los ojos? ¿Voy a pasar sin ver nada?

—Sí. Demuéstrese que su ira tiene una razón de ser. Sigue a tiempo de abandonar, por cierto. ¿Quiere hacerlo?

Dudé. ¿Taparme los ojos? ¿Pisar fuego con los ojos vendados? ¿Pero en qué lío me estaba metiendo yo sola? No podía abandonar ahora, así que contemple la única posibilidad que se desvelaba ante mí: hacer lo que me pedía. Me lo había ganado, por histérica.

—Sí. Quiero.

Ken me ató su pañuelo dejándome sin capacidad de ver nada.

—Muy bien. Desde este momento no puede ver, solo sentir con los pies el peligro, Susana. Usted ha querido que sea así, Dios tendrá sus razones. Recuerde poner una intención cuando pase por el fuego y no se quemará. Recuerde su valor, Susana, el mismo que la ha llevado a enfrentarse a mí hace unos minutos. Usted lo ha creado, hágase responsable.

Temblaba. De la cabeza a los pies temblaba como la gelatina. Necesitaba terminar con aquella pesadilla cuanto antes, pero más necesitaba verificar que, en efecto, el fuego no iba a quemarme y no iba a producirme daño alguno. Recordé la lección del velo, aquella en que Ken me explicaba que en algunos sueños nos enteramos de que estamos soñando y ningún perro nos daña si nos muerde porque sabemos que lo hemos creado nosotros. Forcé a mi mente a razonar de la misma manera, a intentar comprender que aquello lo había puesto yo allí para transformarme y evolucionar. Que no había peligro, que todo iba a salir bien, aunque no lo conseguía porque el temblor me invadía el cuerpo y el pavor de no ver nada me anulaba. Lo único que percibía era sonido y aroma, el fuego gigante desprendiendo su olor a hoguera terrorífica que me recordaba a una lumbre de incienso inmensa, y el sonido de las brasas que, de vez en cuando, emitían pequeños chispazos al aire sonando como el primer ruido que emiten las cáscaras de pipas cuando las pelamos con los dientes cualquier día sentados en el parque.

—Ha llegado el momento, Susana. —Sentí que Ken me hablaba por la espalda, cosa que me extrañó porque a Ana la había esperado al otro lado de su paseo para abrazarla—. Cuando se sienta lista comience a andar con tranquilidad. Respire como sabe y ponga la intención de superarse y lo conseguirá. Le advierto que el miedo la va a acompañar todo el camino.

De pronto, noté que me agarraba las dos manos por detrás. Él permanecía a mis espaldas y me extrañó que tras darme las indicaciones me sujetara las muñecas con fuerza.

—Vamos, Susana. No pierda más tiempo.

—Me está agarrando, Ken, no me puedo mover.

—¿Ah no? ¿Teme tirarme al suelo? ¡Camine! ¡Veamos si es verdad que quiere hacerlo!

No me lo pensé, respiré con intención dos veces y empecé a tirar con decisión por mi cuerpo con el fin de poder dar, de una vez por todas, el primer paso hacia el fuego. Intentaba avanzar, pero Ken no me dejaba porque agarraba mis muñecas con mucha fuerza, lo cual me permitía únicamente inclinarme hacia adelante con tensión, pero sin llegar a completar el primer paso.

—¿Qué pasa? ¿No puede? —me dijo Ken con sarcasmo.

—¡Suélteme!

—No, suéltese usted. Tiene fuerza de sobra para ello.

—¡Así no puedo andar! —grité mientras hacía el esfuerzo inmenso de avanzar mientras cargaba con el peso de Ken a mis espaldas como si se tratara de un perro intentando huir de su correa.

—Tranquila.

Y Ken me soltó.

Me soltó justo en el momento en que mi cuerpo había acumulado más impulso para intentar desprenderse de su yugo, lo cual provocó que saliera despedida hacia el fuego con la mayor cantidad de fuerza que hubiera sido capaz de acumular en ese momento. Sin control. Hacia las brasas ardientes, como si me hubieran disparado desde un cañón.

Entré en pánico, no solo iba a andar sino a caerme sobre el manto ardiente. No veía y no acertaba a protegerme porque venía tropezando conmigo misma desde que Ken me había soltado.

Y sentí el contacto. En medio de mis torpes zancadas impulsadas por la liberación de mis manos, sentí como mi pie izquierdo entraba en contacto con las brasas por primera vez. Ardían. Sentí su calor aumentando bajo la planta de mi pie, llevándolo al límite, calor abrasador que subió tanto que tuve que frenar y voluntariamente apoyar el otro pie para liberar el primero y concluir mi primer paso.

Respiraba con angustia. La misma respiración que empleas cuando alguien te persigue y te sientes atrapado. Una respiración corta, agotadora que me tenía en vilo porque ya estaba dentro del camino de fuego, no veía nada y tenía que seguir andando. Apoyaba como podía mis pies en aquel infierno en la tierra. Sentía el calor subir hasta las rodillas como diciendo «estoy a punto de abrasarte viva», pero no me diga cómo, si es que tiene una explicación, el calor subía hasta asustarme, pero no llegó a quemarme.

El paseo descontrolado y ciego por el fuego se me hizo eterno. No sé si di cuatro pasos, cinco o mil, pero todos fueron plenos de sensación de peligro, miedo y terror. En todos sentí que estaba a punto de quedarme sin pies, yo, que tanto los había maldecido.

Y se acabó. En medio de mi ceguera me topé con alguien al otro lado de mi vereda. Era Ken, que se había movido al extremo final de la alfombra para recibirme mientras llegaba hasta él entre torpes zancadas. Sentí su cuerpo abrazarme y el mío desvanecerse y aliviarse.

—Muy bien, Susana. Ha terminado. Tranquila —me susurró al oído—. Ha venido usted a esta existencia a dos cosas: enseñar y dar seguridad a los demás. Ese es su propósito, no tenga miedo a sus dones, como ve, el miedo no sirve de nada.

—¿Enseñar? ¿Cómo lo sabe? —pregunté, levantando la cara de su pecho, pensará usted que porque había dejado de llorar, aunque lo cierto es que no, levanté la cara de su pecho porque nunca me había sentido a gusto recibiendo un abrazo y, curiosamente, ese momento no era menos.

—Lo sé. Aunque primero tenía usted que aprender. Enseñanza y seguridad, Susana. Un precioso propósito. Acaba usted de ser muy valiente. La felicito —y echó a andar en dirección a la puerta, dejándome allí con la respiración entrecortada, pensando en lo que acababa de suceder.

—Ha sido increíble, Susana —escuché que la hija de Ken me decía mientras yo intentaba volver a atarme mis zapatos para regresar a los adentros de aquel centro de los misterios y zanjar mi relación con Ken, su hija y sus técnicas poco ortodoxas de evolucionar como ser humano.

—Ya... Aún no he conseguido digerirlo.

—Lo conseguirá. He temido por usted, aunque no sé cómo a cada paso que daba conseguía enderezarse. Mi padre ha hecho esta modalidad muy pocas veces.

—¿Tapar los ojos?

—No, el fuego. No siempre lo incluye. Ha debido ver algo especial en ustedes dos. Por no hablar de los ojos vendados. No lo había visto nunca.

—¿En serio? —le dije anonadada, porque no solo no había sido presa de una técnica poco común, sino que nunca antes nadie la había terminado con los ojos vendados.

—Sí. El último día de El Camino, los estudiantes de mi padre caminan sobre cristales rotos. Muy pocas veces sobre fuego. Puede estar orgullosa. —Y echó a andar rumbo al interior dejándome allí sola, pues Ana hacía un rato que había desaparecido siguiendo los pasos del maestro.

De vuelta en el interior, Ana y yo esperamos a Ken en la sala de la moqueta tras recibir esas indicaciones por parte de su hija. Solo restaba despedirnos, así que me relajé y me senté en el suelo, de nuevo descalza y observando la ceniza entre los dedos de mis pies eternamente maldecidos, pero carentes de dolor alguno ahora.

Ken entró y se desplazó al fondo, a su sitio preferido, mirándonos sentado en aquella moqueta.

—Han terminado, señoras. Espero que saquen provecho de lo que han vivido y deseo de todo corazón que sanen su alma viviendo una vida en propósito. Como han aprendido conmigo no hay una única realidad absoluta. No hay miedo que las detenga porque no es real, así que procuren cumplir con su plan de vida o las veré tosiendo y cojeando por el resto de sus días. ¿Tienen algo que preguntarme antes de irse?

—Sí —dijo Ana—. ¿Qué pasa con mi hijo, Ken?

—Cuando usted sane, él sanará.

Ana se quedó con la misma cara que yo ya conocía. La seria. La que no daba una voz más alta que otra. Dio por aceptable la respuesta del viejo y no dijo ninguna palabra más.

—Gracias, Ken —le dije de repente.

—Gracias a usted, Susana. Yo estaba invitado a aparecer en su vida y usted en la mía. Me alegro que cumpliéramos los dos nuestro acuerdo.

—¿Podemos irnos? —dijo Ana sin más.

—Por supuesto.

—Adiós, Ken —dijo Ana mientras se levantaba y se dirigía a la puerta—. Ha sido un placer. —Y sonrió, creo, por primera vez desde que la conocía.

—Adiós, Ana.

—Adiós, maestro —le dije yo con cara de pedante—. Creo que me va a ser imposible olvidarle.

Ken sonrió y permaneció sentado en su sitio mientras yo me levantaba del mío y me dirigía hacia la puerta de salida. Me fui de aquel centro sin más por la misma puerta por la que había entrado.

Jamás le volví a ver. Ni a él ni a su extraña hija que nunca me dijo su nombre.

El final de la senda

Llegué a mi casa agotada aunque contenta por haber podido culminar tan grande logro: caminar sobre fuego.

No me atrevía a contárselo a mi marido, porque a estas alturas cada fin de semana suponía una nueva película en la que me estaba siendo imposible desvelar el final. Además, él solo sabía que trataba mi estrés con técnicas raras, lo cual, desde el despido de mis compañeras, había supuesto un reajuste y estábamos empezando a disfrutar de la vida de nuevo. Así que decidí darle una versión edulcorada otra vez y mantener aquella paz que había conseguido en mi hogar.

Además, no podía obviar el hecho de que se me había desvelado mi propósito de vida, lo que tenía que desplegar aquí en esta existencia y desde que salí por la puerta del centro de Ken, no paraba de darle vueltas a la sensación de que no se equivocaba. A mí me encantaba enseñar a los demás, era donde más disfrutaba poniendo en práctica mi don de la comunicación. Tenía que ser cierto que eso era lo que mi pequeño ser tenía que cumplir para contribuir a crear un mundo mejor. Pensé mucho en cómo sería la existencia si todos los seres humanos que la componemos compartiéramos nuestros dones y talentos. Sería un mundo bien distinto, un mundo de paz y amor que no tiene nada de utopía. Y pensé que por fin entendía la tan redicha frase que dice «si quieres cambiar el mundo empieza por ti mismo». Por fin tenía sentido. Si quieres cambiar el mundo ejecuta tu don y tu talento y que lo hagan todos. El mundo cambiaría inevitablemente. Se volvería el Cielo en la Tierra.

Cuando llegué a la puerta de mi casa, me sentí feliz de poder entrar de nuevo a mi cueva. Se había terminado mi periplo transformador y de verdad sentía ganas de abrazar a mi familia y hacer de madre, de esas de las que no caminan sobre fuego, de esas de las que ponen lavadoras y dan mimos a sus hijos antes de acostarse. Quería estar en mi clan. Pertenecer a él y protegerlo por encima de todas las cosas. Así que me apuré a entrar con mi mejor sonrisa cuando, de repente, al intentar meter la llave en la cerradura de la puerta principal de mi casa, me di cuenta que del pomo colgaba una bolsita de raso violeta que me era familiar.

—¿Qué hace esto aquí...? —dije en perfecta voz alta mientras la descolgaba y la traía hacia mí. ¡Era el tarot de Celia! Lo había dejado allí para mí. Abrí la bolsita corriendo para comprobar que era cierto, que allí estaba su escáner espiritual particular. Dentro de la bolsita, junto a la baraja de cartas, había una nota:

Querida Susana,
Cuando leas esta nota estaré ya en Glasgow. Me mudo con mis hijas a empezar una nueva aventura y he pensado que te gustaría tener el tarot a condición de que aprendas a utili-

zarlo y lo consultes solo cuando lo necesites. Quédatelo, es para ti.

Ha sido un placer conocerte.

Celia Bianco.

¿Celia se había mudado? ¿En menos de una semana?

No daba crédito a lo que estaba leyendo. La dama de los misterios que había aparecido en mi vida para darme la llave de El Camino desaparecía como el humo de la misma manera que había entrado. Muchas veces sigo pensando si ella era real o fue un ángel que se cruzó en mi vida para enderezarla y devolverme al sendero correcto. Le prometo que aún conservo su tarot, aunque todavía no he cumplido su petición de formarme como es debido para aprender a utilizarlo. Algún día lo haré, entre tanto, cada vez que lo saco del cajón donde se encuentra recuerdo a Celia y le mando todo mi cariño, porque es probable que no sepa cuánto aprecio lo que aportó a mi vida.

Entré en mi casa con el tarot en la mano y buscando a mi marido y mi hijo para sentirme de nuevo entre ellos. Los vi, estaban en el salón jugando a soldados imperiales. Su devoción por *Star Wars* merece otro libro, aunque lo cierto es que mi marido se levantó y se vino con alegría a darme un beso.

—¿Cómo ha ido tu día, peque?

—Muy bien. —Me ahorré todos los detalles.

—Ha terminado el curso, ¿verdad?

—Sí, tranquilo —le dije sonriendo y recordando que iba a pedirme tiempo para irse de pesca—, puedes ir preparando la caña.

—¿Y qué has aprendido?

—¿Cómo? —Su pregunta me sorprendió.

—Digo que si puedes contarme lo que has aprendido...

—Pues mira, no sabría resumirlo, son muchas cosas —respondí intentando forzar mi naturalidad.

—Inténtalo, eres una buena comunicadora —me dijo dando de lleno en mi don recién liberado, que era tan evidente a los ojos de todos.

—Venga, vale, lo intento. Han sido muchas cosas, amor, aunque, de lejos, lo más valioso de todo ha sido aprender a cómo ser espiritual y no morir en el incienso.

"Felices son los que tienen conciencia de su necesidad espiritual,
puesto que a ellos pertenece el reino de los cielos"

Mateo 5:3

Agradecimientos

Gracias a todas las personas que me queréis. Sois muchas más de las que puedo contar y, ciertamente, me costó mucho darme cuenta. El complejo de inferioridad me ha perseguido desde mi nacimiento y las experiencias de mi vida parecían siempre confirmarlo, sin embargo, eran un fantasma en mi cabeza. Me queréis mucha gente y yo os quiero de vuelta mucho más de lo que haya podido expresar jamás. Si eres una de esas personas que me quiere, este libro va por ti y por lo que has aportado a mi vida. Te darás por aludida sintiendo cómo tu corazón vibra al leer mis palabras y cómo, automáticamente, van a venir a tu mente recuerdos nuestros, momentos preciados que solo conocemos tú y yo. No hace falta que yo te mencione. Sabes quién eres y lo que me has dado. Así que GRACIAS POR ESTAR EN MI VIDA.

GRACIAS MUY ESPECIALES:

Infinitas gracias a todas las personas que no me habéis querido o que habéis ejercido sobre mi algún tipo de abuso, violencia o desprecio. También sabéis quiénes sois. Si eres una de esas personas te darás por aludida, el corazón no engaña, sentirás cómo

240

vibra tu corazón al leer estas palabras y sabrás que eres una de las personas que no me ha amado para nada, o que ha terminado por expulsarme de su vida. En todo caso, GRACIAS DESDE LO MÁS PROFUNDO DE MI CORAZON porque sin ti, sin vosotros, nada de esto hubiera sido posible, no hubiera habido ningún sufrimiento que sanar o del que aprender y ese dolor fue esencial para mí, para crecer como persona. Sois esa gente maravillosa que vino a mi vida en forma de puñeta. Sois los que me habéis hecho ir despertando poco a poco. Hicimos ese acuerdo previo a encarnar en esta existencia y habéis desempeñado un trabajo fundamental en mi vida: despreciarme. Habéis sido el motor de mi existencia. Os recuerdo a todos y cada uno y prometo amaros y respetaros hasta que la muerte nos vuelva a unir.

GRACIAS INMENSAMENTE ESPECIALES:

A todas esas personas a las que yo he despreciado. No siempre se es la víctima. Hay algunas personas que han sido el foco de mi mal humor, mis errores y, en general, de mis sombras. OS PIDO PERDÓN DE CORAZÓN, pues el corazón no engaña. Si eres una de esas personas notarás que algo vibra dentro de ti reconociendo que yo he podido dañarte de alguna manera, fruto de mi más inmensa ignorancia de la que empiezo a ser consciente ahora. Perdona, por favor, mis ofensas así como yo he perdonado a quien me ha ofendido.

.

Susana Alles

CPSIA information can be obtained
at www.ICGtesting.com
Printed in the USA
BVHW04s0842100818
524137BV00008B/117/P

9 781982 982898